身分政治 IDENTITY

THE DEMAND FOR DIGNITY
AND THE POLITICS OF RESENTMENT

法蘭西斯・福山 FRANCIS FUKUYAMA
洪世民 譯

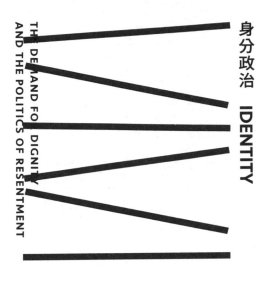

給茱莉亞、大衛、約翰

Contents 目次

序

若非唐納・川普在二〇一六年十一月當選總統，我不會寫這本書。跟許多美國人一樣，我對此結果感到驚訝，也為那對美國和全世界的意涵深感不安。那是同年第二場結果令人意外的重大選舉。第一場是英國在六月投票脫離歐盟。

過去一、二十年，我花了很多時間思考現代政治制度的發展：國家、法治、民主可問責性最初如何成形、如何演化和交互作用，以及最後可能如何衰敗。早在川普勝選之前，我就寫到美國的制度正在衰敗，國家正逐漸被強大的利益團體盤據，鎖進一個死板的架構而無法自我革新。

川普本身既是衰敗的產物，也是衰敗的貢獻者。他競選時承諾：身為政治圈外人，他會靠人民的授權搖撼制度，讓制度重新運作。美國人厭倦了黨派的僵局，渴望一個能再次團結全國的強大領袖，突破我所稱的否決體制（veto-cracy）——即利益團體可以阻擋集體的行動。正是這一類民粹主義的高漲在一九三二年將富蘭克林・羅斯福（Franklin D. Roosevelt）送進白宮，並重新塑造接下來兩個世代的美國政治。

川普的問題是雙重的，和政策及性格都有關係。對於支持他的選民來說，他的經濟民族主義可能會使事情變得更糟而非更好，而他鍾愛獨裁強人勝過民主同盟的明顯偏好，也有破壞國際秩序穩定之虞。至於性格，很難想像有誰比他更不適合當美國總統。你想得到所有和優秀領導力有關的特質——基本的誠實、可靠、穩健的判斷、為公共利益奉獻、根本的道德感——他一個都沒有。川普終其事業生涯的首要焦點都是自我行銷，而他非常樂意無所不用其極地規避阻礙他的人或規範。

川普代表國際政治上一個更廣泛的趨勢：趨向所謂的民粹民族主義。[1]民粹領導人企圖利用民主選舉授予的正當性來鞏固權力。他們直接對「人民」施展群眾魅力，而他們的「人民」常限定於狹隘的族群，排除其他為數眾多的人口。他們不喜歡制度、企圖破壞現代自由民主國家限制領導者個人權力的制衡：法院、立法機關、獨立媒體、不分黨派的官僚。其他可歸於此類的當代領導人包括俄羅斯的普丁（Vladimir Putin）、土耳其的艾爾段（Recep Tayyip Erdoğan）、匈牙利的奧班（Viktor Orbán）、波蘭的卡欽斯基（Jarosław Kaczyński）、菲律賓的杜特蒂（Rodrigo Duterte）。

始於一九七〇年代中期的全球民主浪潮，已步入我的同事賴瑞・戴蒙所謂的全球性衰退。[2]一九七〇年時，世界只有大約三十五個選舉民主制政體，接下來三十年，數字節節上升，到二〇〇〇年代初期達到將近一百二十個。增加最快的是一九八九到一九九一年，東歐共產主義和前蘇聯的垮台，立刻在那個區域掀起一波民主浪潮。但自二〇〇〇年代中期以來，趨勢已然逆轉，民主政體總數開始減少。在此同時，以中國為首的獨裁國家則更有自信，也更跋扈了。

諸如突尼西亞、烏克蘭和緬甸等準民主政體難以建立可行的制度，或自由民主未能在美國干預後的阿富汗或伊拉克生根發展，都不令人驚訝。令人失望，但也不全然驚訝的是俄羅斯已重回獨裁的老路。真正出乎意料的是，對民主的威脅，竟會在穩固民主國家內部出現。匈牙利是東歐率先推翻共產政權的國家之一。當它加入北約（NATO）和歐盟之際，它看似以政治學家形容的「鞏固」（consolidated）自由民主之姿重回歐洲懷抱。但在奧班和其青民盟（Fidesz，全名：青年民主主義者聯盟—匈牙利公民聯盟）當政下，它正轉向奧班所謂的「不自由民主」。但至今最大的意外非英、美支持脫歐和川普的投票莫屬。這兩大民主龍頭向來是現代自由主義國際秩序的擘畫師，一九八〇年代曾於雷根（Ronald Reagan）和柴契爾（Margaret Thatcher）主政時領導「新自由」革命。但這兩國似乎也轉過身去，走向較狹隘的民族主義了。

這便帶我來到這本書的緣起。自我在一九八九年年中發表〈歷史的終結？〉（The End of History?）一文、一九九二年出版《歷史之終結與最後一人》（*The End of History and Last Man*）一書以來，[3]常有人問我某某事件是否跟我的論點沒有牴觸。某某事件可能是祕魯的政變、巴爾幹半島的戰爭、九一一恐怖攻擊、全球金融危機，或者最近的川普勝選和前文描述的民粹民族主義浪潮。

這些批評大多是基於對此論點的一個單純的誤解。我的「歷史」是採黑格爾—馬克思一脈的用法——即人類制度的長期演化史，或許亦可稱為「發展」或「現代化」。「終結」（end）的意思不是「終止」，而是「目標」或「目的」。馬克思提出，歷史的終結會是共產主義的烏托邦，而我則只是提出，黑格爾的版本，即人類發展會形成與市場經濟密不可分的自由國家，是較可能的結果。[4]

這不代表我的觀點並未隨時間改變。我所能提供最完整的重新思考，收錄在我的《政治秩序的起源（上卷）：從史前到法國大革命》（*The Origins of Political Order*）和《政治秩序的起源（下卷）：從工業革命到民主全球化的政治秩序與政治衰敗》（*Political Order and Political Decay*）中——或許可視為我依據我對現今世界政治的了解，改寫《歷史之終結與最後一人》的成果。[5]我的想法有兩個重要的轉變，一是發展一個現代、非個人的國家——即我所謂「向丹麥看齊」的問題——很困難；二是現代自由民主是有可能衰敗或倒退的。

另外，那些批評還遺漏一個重點。他們沒注意到最早那篇文章的標題尾巴打了個問號，他們也沒有讀《歷史之終結與最後一人》聚焦於尼采「末人」（Last Man）的最後幾章。

我在兩本書中都提到民族主義或宗教的勢力都不會在世界政治中消失。那時我主張，它們不會消失是因為當代自由民主未能充分解決激情（thymos）的問題。激情是靈魂渴望尊嚴的部分；「平等的激情」（isothymia）是要求獲得與他人平等的尊重；「凌駕他人的激情」（megalothymia）則是渴望被承認為高人一等。現代自由民主允諾也大抵提供了最低程度的平等的尊重，體現於個人權利、法治和公民權之中。但這不保證民主制度中的人民實際上會獲得同等的尊重，特別是有邊緣化歷史的群體成員。整個國家都可能覺得不受尊重，這會助長侵略性的民族主義；宗教信徒也可能覺得自己的信仰被玷辱。因此，平等的激情會持續驅動對於平等承認之要求，而這不大可能徹底實現。

另一個大問題是凌駕他人的激情。自由民主國家向來相當善於提供和平與繁榮（不過近年來多少有些退步）。這些富裕、安全的社會是尼采「末人」的領地。末人是「沒有胸膛的人」，一輩子無盡追求消費上的滿足，但毫無核心思想，沒有願意奮力爭取、不惜為之犧牲的更高目標或理想。並非人人都能滿足於這樣的人生。凌駕他人的激情靠殊異性（exceptionality）而澎湃：承擔高風險、投入浩大的奮鬥、追求強烈的影響，因為這些都會讓自己被承認為高人一等。在某些例子，這可能造就林肯、邱吉爾或曼德拉之類的英勇領袖，但在其他情況，也可能捧出凱撒、希特勒或毛澤東之流，帶領社會走向獨裁與災難的暴君。

既然凌駕他人的激情自古以來就存在於所有社會，就不可能完全克服；只能加以疏導或緩和。我在《歷史之終結與最後一人》最後一章提出的問題是，與市場經濟綁在一起的現代自由民主制度，能否為凌駕他人的激情提供充分的宣洩出口。美國開國元勛完全了解這個問題。努力在北美建立共和政府體制的他們，很清楚羅馬共和的淪亡史，也擔心凱撒主義的問題。他們的解決方案是制衡的憲政體制：分散權力，避免集中在單一領導者身上。一九九二年時，我提出市場經濟也能為凌駕他人的激情提供出口。企業家可以在致富的同時，對大眾繁榮有所貢獻。或者個人也可以在鐵人三項競爭，或改寫喜馬拉雅山攻頂峰數紀錄，或打造世界價值最高的網路公司。

在《歷史之終結與最後一人》中，我確實提出川普作為充滿雄心壯志，爭取認同的渴望已安然導入商業（及後來的娛樂）生涯的例子。當時我沒料到，二十五年後，他竟不滿足於商業的成就和名望，決定從政乃至當選總統。但那與我針對自由民主的潛在威脅，以及自由社會激情問題所做的議論毫無牴觸。[6]這樣的人物過去就以凱撒、希特勒或裴隆（Juan Perón）之名存在過，他們都帶著社會走入戰爭或經濟衰退的災難。為成就自己，這樣的人物會鎖定百姓的怨恨——那些覺得自己的民族、宗教或生活方式未受尊重的市井小民。就這樣，凌駕他人的激情與平等的激情攜手同行了。

在這一本書中，我要回到我從一九九二年開始探究，此後一直寫到的主題：激情、承認、尊嚴、身分認同、移民、民族主義、宗教和文化。它會納入我在二〇〇五年發表的利普塞特紀念演說（Lipset Memorial Lecture），以及二〇一一年在日內瓦發表的拉特西斯基金會（Latsis Foundation）演說，前者的主題是移民和身分認同，後者是移民和歐洲身分認同。[7] 本書某些部分多少會援用先前著作的段落。如果這看來有些重複，我在此致歉，但我相信沒什麼人曾費心循著這條脈絡前進，而認為它是條理分明，與現今事態發展息息相關的論點。

要求自己的身分獲得承認——這便是在今日世界政治一統諸多事件的主要概念。這不限於大學校園上演的身分認同政治，或其所煽動的白人民族主義，而是擴張到更廣泛的現象，例如老派民族主義高漲和政治化伊斯蘭的興起。我會主張，許多被誤認為經濟動機的因素，實則根植於對於承認的需求，因此無法單純靠經濟手段滿足之。這與我們此刻該如何因應民粹主義，有直接的牽連。

據黑格爾的說法，人類的歷史是由爭取認同的鬥爭所驅動。他認為對於認同的渴望只有一個合理的解方，就是普遍的承認，即每一個人類的尊嚴都獲得承認。普遍的承認一直遭遇其他基於民族、宗教、派別、種族、族群或性別等部分承認的形式，或想被視為高人一等的個人的挑戰。身分認同政治在現代自由民主政體的崛起，是後者面臨的首要威脅之一；若無法重拾對人性尊嚴較普遍的理解，我們將注定衝突不斷。

我想要感謝數位朋友及同事對這份書稿提供寶貴的意見：博曼（Sheri Berman）、卡斯柏（Gerhard Casper）、卡摩瑞（Patrick Chamorel）、哥多華（Mark Cordover）、克拉默（Katherine Cramer）、戴蒙（Larry Diamond）、福克納（Bob Faulkner）、費隆（Jim Fearon）、大衛・福山（David Fukuyama）、吉爾（Sam Gill）、戈日馬拉—布斯（Anna Grzymala-Busse）、李維（Margaret Levi）、里拉（Mark Lilla）、麥克納馬拉（Kate McNamara）、蒙克（Yascha Mounk）、普拉特納（Marc Plattner）、羅斯（Lee Ross）、薛爾（Susan Shell）、史泰德曼（Steve Stedman）、史多納（Kathryn Stoner）。

特別感謝我在法勒、施特勞斯和吉魯出版社（Farrar, Straus and Giroux）的編輯欽斯基（Eric Chinski），他已不厭其煩地和我合作好幾本書了。他的邏輯和語言觀念，以及對廣泛議題的豐富知識，對本書有莫大的貢獻。我也要感謝檔案圖書（Profile Books）的富蘭克林（Andrew Franklin）對本書及之前所有書籍的支援。

一如以往，我要向我的文學經紀人，國際創造力管理（International Creative Management）的紐柏格（Esther Newberg）和柯提斯・布朗公司（Curtis Brown）的貝克（Sophie Baker），以及所有支持他們的人士，致上感激之意。他們做了神奇的工作，讓我的著作得以在美國和世界各地出版。

我也想要謝謝我的研究助理厄吉爾斯（Ana Urgiles）、吉連（Eric Gilliam）、克拉瑞達（Russell Clarida）和索瑟德（Nicole Southard），他們彌足珍貴地提供了這本書所依據的資料。

感激我的家人的支持，特別是妻子蘿拉（Laura），她向來是一絲不苟的讀者，也是我所有著作的評論家。

寫於加州帕羅奧圖市濱海卡梅爾

注釋

1 Francis Fukuyama, “The Populist Surge,” *The American Interest* 13 (4) (2018): 16-18.

2 Larry Diamond, “Facing Up to the Democratic Recession,” *Journal of Democracy* 26 (1) (2015): 141-55.

3 Francis Fukuyama, “The End of History?,” *National Interest* 16 (Summer 1989): 3-18; *The End of History and the Last Man* (New York: Free Press, 1992).

4 我是透過亞歷山大・科耶夫（Alexandre Kojève）的稜鏡詮釋黑格爾，他認為演變中的歐洲經濟共同體就是歷史終結的體現。

5 Francis Fukuyama, *The Origins of Political Order: From Prehuman Times to the French Revolution* (New York: Farrar, Straus and Giroux, 2011); *Political Order and Political Decay: From the Industrial Revolution to the Globalization of Democracy* (New York: Farrar, Straus and Giroux, 2014).

6 我很感激真的花費時間讀了我的書的人。尤請參閱薩格（Paul Sagar），〈最後的假笑〉（The Last Hollow Laugh），《永世》（*Aeon*），二〇一七年三月二十一日，https://aeon.co/essays/was-francis-fukuyama-the-first-man-to-see-trump-coming。

7 西摩・馬丁・利普塞特（Seymour Martin Lipset）的演說；請參閱福山，〈身分認同、移民與自由民主〉（Identity, Immigration, and Liberal Democracy），《民主期刊》（*Journal of Democracy*）一七（二）（二〇〇六）：五－二〇；拉特西斯（Latsis）演說〈歐洲身分認同的挑戰〉（European Identity Challenges），二〇一一年十一月發表於日內瓦大學，請參閱〈歐洲身分認同的挑戰〉（The Challenges for European Identity），《全球》（*Global*），二〇一二年一月十一日，http://www.theglobaljournal.net/group/francis-fukuyama/article/469/。

第一章

尊嚴的政治

二十一世紀的第二個十年走到一半，世界政治發生劇烈的變化。

從一九七〇年代初期到二〇〇〇年代中期，出現了山繆・杭亭頓（Samuel Huntington）所謂「第三波」民主化浪潮，可歸類為選舉民主制的國家從原本的三十五個增至一百一十多個。在這段期間，自由民主成了世界許多政府的預設形式——至少志在民主，就算沒有落實。[1]

與這種政治制度的變遷並轡而行的是各國的經濟愈益相互依賴，即我們所說的全球化。後者得到諸如關稅暨貿易總協定（General Agreement on Tariffs and Trade）及後繼的世界貿易組織（World Trade Organization）等自由經濟機制之強力支撐，輔以歐盟和北美自由貿易協定（North American Free Trade Agreement）等區域性貿易協議。在這三十幾年間，國際貿易與投資的成長率超過全球GDP的成長率，而被公認為繁榮的最大驅動力。在一九七〇年到二〇〇八年間，全球商品服務的產出增加三倍，成長幾乎擴及世界所有區域，而發展中國家赤貧人口占總人口的百分比，也從一九九三年的四二％降至二〇一一年的一七％。兒童在過五歲生日前夭折的比率，則從一九六〇年的二二％，降至二〇一六年的不到五％。[2]

但這種自由主義的世界秩序並未造福每一個人。在世上許多國家，尤其是已發展國家中，不平等急遽惡化，致使許多成長的好處大多流向受過高等教育的菁英。[3]既然成長與商品、金錢、人民從一地轉往另一地的數量增加息息相關，社會自然會出現大量顛覆性的轉變。在發展中國家，原本無電可用的村民突然發現自己住在大城市裡，看著電視，或透過隨處可見的手機上網。勞動市場適應新的情況，驅使數千萬人越過國際邊界，為自己和家人尋找更好的機會，或試圖逃離家鄉無法容忍的環境。中國、印度等國家冒出龐大的新中產階級，但他們所做的工作，取代了原本由已發展國家舊中產階級負責的工作。製造業不斷從歐美移往東亞和其他低勞動成本的區域。同一時間，在逐漸由服務主宰的新經濟體，女性正取代男性，而低技術工人正被聰明的機器取代。

世界秩序原本有股趨向愈漸自由開放的動能，這股動能從二〇〇〇年代中期開始減弱，然後情勢逆轉。這時碰巧接連發生兩次金融危機：第一次是在二〇〇八年始於美國次級貸款市場，導致後續的經濟大衰退；第二次則是希臘無力還債而使歐元和歐盟面臨危機。在這兩個例子，菁英政策都造成巨大的經濟衰退、高失業率，以及全球數百萬普通勞工收入驟降。既然美國和歐盟是領頭羊，這些危機自然傷害了整個自由民主的聲譽。

民主學者賴瑞・戴蒙將金融危機後的那幾年形容為「民主衰退」的幾年，幾乎全球各區域的民主政體總數，都從高峰下墜。[4]幾個以中國和俄羅斯為首的獨裁國家則更有自信，也更跋扈了：中國開始宣傳「中國模式」，作為一條明顯不民主的發展和致富途徑；俄羅斯也趁機抨擊歐盟和美國自由主義的墮落。一些在一九九〇年代看似成功的自由民主國家，都走回較專制的老路，包括匈牙利、土耳其、泰國、波蘭。二〇一一年的阿拉伯之春固然瓦解了獨裁政府，但隨著利比亞、葉門、伊拉克、敘利亞陷入內戰，這個區域對於更民主的希望徹底破滅。引發九一一攻擊的恐怖主義浪潮並未被美國入侵阿富汗和伊拉克擊退。那反倒突變為伊斯蘭國，儼然成為世界各地偏執、殘暴伊斯蘭主義者的指路明燈。跟伊斯蘭國的韌性同樣引人注目的是，有好多年輕的穆斯林放棄在中東其他地方和歐洲相對安全的生活，前往敘利亞替伊斯蘭國出戰。

更令人驚訝，或許也更重要的是二〇一六年兩場大出意外的選舉結果：英國投票決定脫離歐盟，以及川普當選美國總統。兩場選舉的選民都擔心經濟議題，尤其是面臨失業與去工業化的勞工階級。但同樣重要的是對移民大規模湧入的反彈：移民被認為會奪走本土勞工的工作，且侵蝕確立已久的文化認同。反移民和反歐盟的黨派也在其他許多已發展國家擴充實力，尤以法國的民族陣線（Front National）、荷蘭的自由黨（Party for Freedom）、德國另類選擇黨（Alternative for Germany）和奧地利自由黨（Freedom Party）為最。跨過大陸，則有對伊斯蘭恐怖主義的畏懼，以及禁止表現穆斯林身分，如禁穿布卡（burqa，全身式罩袍）、尼卡布（niqab，只露出雙眼的面紗）和布基尼（burkini，只露出臉、手掌和腳掌的女性泳衣）所引發的爭議。

二十世紀的政治向來是沿著經濟議題界定的左右光譜來規劃：左翼希望更平等，右翼想要更大的自由。進步主義的政治活動以工人、工會和社會民主黨派為中心，他們追求更好的社會保障和經濟重分配。相形之下，右翼則主要關注縮減政府規模和發展私人產業。在二十一世紀的第二個十年，這條光譜似乎在許多方面讓給由身分認同界定的光譜了。左派已經沒那麼著重於全面經濟平等，而更想促進各種被認為遭邊緣化的群體——黑人、移民、女性、西班牙人、LGBT社群、難民等——的利益。右派，則將自己重新定義為愛國者，企求保護傳統的民族身分認同——常明顯與種族、族群或宗教有關的身分認同。

一個至少可溯至馬克思的悠久傳統，認為政治鬥爭是在反映經濟衝突：基本上就是爭奪能分得幾杯羹。這的確是二〇一〇年代故事的部分，即全球化造成眾多人口被世界各地的整體經濟成長拋在後頭。在二〇〇〇年到二〇一六年間，半數美國人覺得自己的實質收入沒有增加；一九七四年，國家總產出（national output）進了全美最富有一％口袋的比率只占GDP的九％，到二〇〇八年，已提高到二四％。[5]

但物質性自利（material self-interest）固然重要，人類也受其他事物刺激，而那些動機更能解釋目前發生的殊異事件。這或許可稱作怨恨的政治。在形形色色的案例中，政治領導人圍繞這樣的感覺來動員追隨者：這個群體的尊嚴遭到侮蔑、貶低或漠視。這份怨恨會刺激該群體要求公眾承認其尊嚴。受到屈辱、冀求恢復尊嚴的群體所承載的情緒重量，遠大於單單追求經濟利益的民眾。

因此，俄羅斯總統普丁談論了前蘇聯垮台的悲劇，以及一九九〇年代歐洲和美國如何趁俄羅斯虛弱之際，率北約組織逼近俄國邊界。他鄙視西方政客的道德優越感，不希望看到俄羅斯被當成軟弱的區域成員（歐巴馬總統曾這麼說）對待，而要被視為強權。匈牙利總理奧班則在二〇一七年指出，他在二〇一〇年重新掌權，就是象徵這個時候到了：「我們匈牙利人也決定想要收復我們的國家、想要取回我們的自尊、想要重獲我們的未來。」[6]中國的習近平政府最後也談到中國受了「百年屈辱」，以及美國、日本和其他國家如何試圖阻止它重回前一千年享有的強國地位。當蓋達組織（al-Qaeda）創建者奧薩瑪．賓拉登十四歲時，他的母親發現他異常關注巴勒斯坦：「在沙烏地阿拉伯的家裡看電視的時候，淚水從臉頰滑落。」[7]他對穆斯林備受羞辱的憤怒，後來得到許多年輕信徒呼應；他們自願赴敘利亞，為他們深信一直在世界各地遭到攻擊和壓迫的信仰出戰。他們希望在伊斯蘭國重建早期伊斯蘭文明的榮光。

對尊嚴受辱的怨恨，在民主國家也是一股強大的力量。佛格森（密蘇里州）、巴爾的摩、紐約等城市連續發生廣為宣傳的警察槍殺非裔美國人事件，使「黑人的命也是命」（Black Lives Matter）運動迅速湧現，希望外界注意看似漫不經心的警察暴力會使人民受到多大的傷害。在全美各地的大學校園和職場，性侵害和性騷擾被視為男性未真正平等看待女性的證據。先前未獲世人承認為顯著歧視對象的跨性別人士，也突然獲得關注。而許多把票投給川普的美國人都懷念過去社會地位較穩固的美好年代，希望透過自身行動「讓美國再次偉大」。雖然時空相隔遙遠，普丁支持者對西方菁英不可一世的感受，和美國鄉村選民的感受其實相當類似：後者覺得兩岸都市菁英及其媒體同路人，同樣忽視他們，無視他們的困境。

怨恨政治的實踐者意氣相投。普丁和川普對彼此懷抱的同情不只是個人的，更是根源於雙方共有的民族主義。奧班解釋道：「現今西方世界發生的變化，以及某位美國總統嶄露頭角，有某些理論形容為世界政治競技場上跨國菁英──被稱為『全球』菁英──和愛國國內菁英之間的鬥爭。」而他自己就是愛國國內菁英的早期典型。[8]

在所有案例中，都有一個團體──俄羅斯或中國之類的強權也好，美國或英國的選民也好──相信自己的身分並未得到適當的承認，無論是外面世界的承認（就國家的例子而言），或同一社會其他成員的承認。這樣的身分認同可能也確實千變萬化：基於民族、宗教、族群、性取向、性別等不一而足。它們全都彰顯一種共同現象，表現出身分認同的政治。

「身分認同」（identity）和「身分認同政治」（identity politics）二詞的起源距今相當近，前者是在一九五〇年代由心理學家艾瑞克．艾瑞克森（Erik

Erikson）大力宣傳，後者則到一九八〇及九〇年代的文化政治學才映入眼簾。今天，「identity」一詞有相當多種意義，有時僅指社會分類或角色，有時單指個人基本資訊（例如「我的身分證被偷了」）。若是這種用法，「identity」一直存在。[9]

在這本書中，我會以一種特定意義來使用「identity」一詞，那能幫助我們理解為什麼「identity」在當代政治如此重要。首先，「identity」是因一個人真正的內在自我與外面社會規範的世界出現差異而生，外在世界並未適當地承認內在自我的價值或尊嚴。綜觀人類史，都有個人覺得自己和所屬社會格格不入。但一直要到現代，真實內在自我的本質彌足珍貴、外在世界會有系統性錯誤且對前者評價不公的觀念才站穩腳跟。不是該讓內在自我遵從社會規範，而是社會本身需要改變。

內在自我是人性尊嚴的基礎，但尊嚴的本質卻非固定，且已隨時間改變。在許多早期文化，尊嚴僅歸少數人所有，通常是願意在戰場上拋頭顱灑熱血的勇士。在其他社會，尊嚴是所有人類的特性，是有主體動力之人（people with agency）的固有價值。還有些例子，得到尊嚴是因為加入了某個有共同回憶和經驗的大群體。

最後，尊嚴的核心意義是尋求認同。要是他人不公開承認我的價值，光是我明白自己的價值是不夠的——更糟的是他人貶低我，或不承認我的存在。自尊是受他人尊重而生。因為人類天生渴望獲得肯定，「identity」的現代意義迅速演變成身分認同的政治，也就是個人需要公眾承認他們的價值。因此，當代世界的政治鬥爭，大都與身分認同政治脫不了關係：從民主革命到新社會運動，從民族主義、伊斯蘭主義到當代美國大學校園的政治都是如此。哲學家黑格爾甚至主張，爭取承認的鬥爭是人類歷史的終極動力，而這股力量正是了解現代世界興起的關鍵。

過去五十多年全球化所引發的經濟不平等固然是當代政治的要素，當經濟不平等連上失去尊嚴或不受尊重的感覺，經濟不滿又變本加厲。實際上，許多我們理解為經濟動機的因素，其實並非反映對財富與資源的直接欲望，而是反映金錢被認定是身分地位的指標，可以買到尊敬的事實。現代經濟理論是基於這樣的假設建立：人類是理性的個體，人人都想將自己的「功利」（utility）——也就是物質福利——最大化，而政治不過是那種極大化行為的延伸。然而，如果我們要貼切地解釋真實人類在現代世界的行為，就必須拓展我們對於人類動機的理解，超越這種主導論述已久的簡單經濟模式。沒有人質疑人類能做出理性的行為，也沒有人質疑人類是出於自利，會追求更大財富與資源的個體。但人類的心理遠比單純經濟模式揭示的複雜。在我們理解當代身分認同政治之前，我們需要後退一步，更深刻也更充分地理解人類的動機和行為。換言之，我們需要更好的理論來詮釋人類的靈魂。

注釋

1 Samuel P. Huntington, *The Third Wave: Democratization in the Late Twentieth Century* (Oklahoma City: University of Oklahoma Press, 1991).

2 Steven Radelet, *The Great Surge: The Ascent of the Developing World* (New York: Simon and Schuster, 2015), 4.

3 關於全球不平等加劇的完整紀錄，請參閱布蘭柯・米蘭諾維奇，《全球不平等：全球化時代的新研究方法》（*Global Inequality: A New Approach for the Age of Globalization*）。

4 Diamond, "Facing Up to the Democratic Recession," 141-55.

5 Ali Alichi, Kory Kantenga, and Juan Sole, "Income Polarization in the United States," IMF Working Paper WP/16/121 (Washington, DC, 2017); Thomas Piketty and Emmanuel Saez, "Income Inequality in the United States, 1913-1998," *Quarterly Journal of Economics* 118 (1) (2003): 1-39.

6 奧班〈歐洲將屬於歐洲人嗎？〉（Will Europe Belong to Europeans?），二〇一七年七月二十二日於羅馬尼亞伯伊萊圖什納德發表的演說。

7 Rukmini Callimachi, "Terrorist Groups Vow Bloodshed over Jerusalem. ISIS? Less So," *New York Times*, December 8, 2017.

8 Orbán, "Will Europe Belong?"

9 James D. Fearon, "What Is Identity (As We Now Use the Word)?," unpublished paper, November 3, 1999, http://fearonresearch.stanford.edu/53-2.

第二章

心靈的第三部分

政治理論一般是建立在人類行為的理論之上。理論是從我們所獲得與周圍世界有關的大量實徵資訊中梳理出人類行為的規律，並可望推斷出這些行為與周圍環境之間的因果關係。建立理論（即理論化）的本領是人類這個物種能順利演化的重要因素。許多務實的人瞧不起理論和理論化，但他們無時無刻不在遵循未闡明的理論行動，只是不自知而已。

現代經濟學就是以一個未闡明的理論為基礎，即人類是「理性功利極大化者」（rational utility maximizers）：他們會運用傑出的認知能力來為自己謀求利益。這個理論嵌有數個更深一層的假設。一是其「記帳單位」為個人，不是家庭、部落、民族，或其他類型的社會團體。假如人們互相合作，那是因為他們估計合作比單打獨鬥更符合本身的利益。

第二個假設是關於「功利」的本質，也就是構成經濟學家所謂「功利函數」（utility function）的個人喜好。許多經濟學家主張，他們的科學對人們最終選擇的喜好或功利未表示意見；那完全取決於個人。經濟學家只提到喜好會用哪些方式理性地追求。因此，想再賺十億美金的避險基金經理人，和趴在一枚手榴彈上捨己救同袍的士兵，都是在將各自不同的喜好極大化。想必，不幸成為二十一世紀一幕政治風景的自殺炸彈客，只是在試著極大化他們會在天堂碰到的處女數。

問題在於，要是喜好不限於物質性自利的東西，比如追求所得或財富，經濟理論就沒什麼預測價值了。如果我們擴大功利的概念，同時納入極端的利己及利他行為，那麼我們說的其實跟套套邏輯（tautology）差不了多少：人類會追求任何他們追求的東西。我們真正需要的是能夠說明為什麼有些人追求金錢和安全，有些人選擇為理想而亡，或付出時間或金錢幫助他人的理論。若說德蕾莎修女和一名華爾街避險基金經理人都是在極大化他們的功利，便遺漏了兩人動機中某個重要的部分。

實際上，多數經濟學家確實認為功利是基於某種形式的物質性自利，那終將打敗其他種類的動機。這是當代自由市場經濟學家和古典馬克思主義者共有的觀念，後者更堅稱歷史是由追求經濟自利的社會階級所形塑。今天，經濟學儼然成為獨霸且有聲望的社會科學，因為人們多數時候的言行舉止，是遵循經濟學家較狹隘的人類動機版本。物質誘因確實重要。在共產主義中國，以往集體農場的農業生產力之所以低落，是因為農民的生產就算有剩餘，也不被允許留下；於是他們乾脆偷懶，不努力工作。前共產世界有句俗話說：「他們假裝付薪水給我們，我們就假裝工作。」當誘因在一九七○年代晚期改變、允許農民留下剩餘，農業產出立刻在四年內倍增。二〇〇八年金融危機的成因之一就是投資銀行會因為短期獲利得到獎勵，卻不會因為其風險投資在幾年後崩潰而受到懲罰。要修正問題，就必須改變這些誘因。

但標準經濟模式固然確實能解釋相當多的人類行為，但也有不少缺點。過去一、二十年來，諸如丹尼爾·康納曼（Daniel Kahneman）和阿莫斯·特沃斯基（Amos Tversky）等行為經濟學家和心理學家就抨擊這種模式的根本假設；他們證明人其實並不理性，例如人會選擇預設行為而非最理想的策略，或者藉由模仿身邊其他人的行為來省下思考的辛勞。[1]

雖然行為經濟學凸顯了現有理性選擇範式的缺失，但並未就人類行為提出清楚的替代模式，尤其對於人類根本喜好的性質著墨不多。經濟理論無法令人滿意地解釋趴住手榴彈的士兵，或自殺炸彈客，或是其他許多似乎有物質性自利以外的事物起作用的例子。我們很難說自己像渴望食物或銀行裡的金錢那樣「渴望」痛苦、危險、代價慘重的事物。所以我們必須超越在今天獨領風騷的經濟理論，尋求其他對人類行為的解釋。這種更全面的理解一直存在；問題在於，我們經常忘記我們曾經知道的事情。

人類行為的理論建立在人性的理論之上——也就是源自放諸四海皆準之人類生物學，而非根源於不同社群之規範或習俗的規律。今天，關於天性與教養之間的界線，有相當激烈的辯論，但很少人會否認這種二分法的兩極確實存在。所幸，我們不必劃出那條界線，就能發展一套可讓我們洞悉人類動機的理論。

諸如湯瑪斯・霍布斯（Thomas Hobbes）、洛克（John Locke）和盧梭（Jean-Jacques Rousseau）等近代思想家最終都針對自然狀態，即人類社會出現前的「元初時間」（Primordial Time）提出理論。但自然狀態只是人性的隱喻；那是不受所屬社會或文化支配、獨立存在的人類最基本特性。在西方哲學傳統，諸如此類的人性討論可回溯至更早以前，至少可溯至柏拉圖的《理想國》（*Republic*）。

《理想國》是哲學家蘇格拉底與兩位年輕雅典貴族阿得曼圖（Adeimantus）和格勞孔（Glaucon）討論何謂公義城市的對話。蘇格拉底先是揭穿數個既有正義理論的真相，例如拉希馬庫斯（Thrasymachus）斷言正義就是強者的自利，接著以探究心靈（soul）的本質為基礎，「用言詞」建構一座公義城市。「soul」（希臘文「psyche」）一詞已不常作「心靈」解釋，但誠如詞源學所示，心理學這門學科基本上就在研究同樣的主題。

關於心靈本質最重要的討論出現在第四卷。蘇格拉底提到，有一部分的欲望會追求食物和水之類的東西。但有時口渴的人不肯喝眼前的水，因為他知道那被汙染了、喝了可能會生病。蘇格拉底問：「他們的心靈是否有一部分吩咐他們喝，又有一部分阻止他們喝，而阻止的部分掌控了吩咐的部分？」[2]阿得曼圖和格勞孔同意這個心靈的第二部分是估算的部分，而那可能和心靈不理性、渴望的部分，做目的完全相反的事。

蘇格拉底和阿得曼圖就在這裡描述了現代經濟模式：渴望的部分呼應個人的喜好，估算的部分則在進行理性極大化。雖然佛洛伊德（Sigmund Freud）已不像過去那麼備受重視，但這樣的區分大致呼應他的本我（id）和自我（ego）的概念：本我充滿欲望，而自我會讓那些欲望受到控制——主要是社會壓力造成。但蘇格拉底又說了雅典人利奧提烏斯（Leontius）的故事，指出另一種行為型態。利奧提烏斯有天經過一堆劊子手留下的屍體，他想看，又試著不去看；經過一番內心掙扎，他看了，並說：「看啊，你這卑鄙之徒，就把這公正的情景看個過癮吧。」[3]利奧提烏斯很想縱容自己看屍體的欲望，又知道那是可恥的行為；

他屈服於渴望，又因此生自己的氣、憎恨自己。蘇格拉底問：

在許多其他地方，我們有沒有……注意到，當欲望逼人做出和估算部分相反的行為，他會斥責自己，他的激情會被喚醒，反對心裡做出強迫之舉的部分；而彷彿有兩派相爭似的，這樣的激情會成為語言的盟友？[4]

我們可以把這情況套用在一個較當代的例子：某個有毒癮或酒癮的人知道再打一劑或再喝下去對自己不好，但還是打了或喝了，然後才痛恨自己的軟弱。蘇格拉底用了一個新的詞——激情（spirit）來指心靈產生這股怒氣的根源，而「spirit」是希臘文「thymos」的劣譯。

蘇格拉底接著問阿得曼圖，心靈不想看屍體的那個部分，究竟只是另一種欲望，或者是估算部分的一個面向——兩者殊途同歸。「另一種欲望」的觀點正是當代經濟學的看法，也就是一股欲望只會受制於估算，而估算就是另一股更重要的欲望取代原有的欲望。蘇格拉底又問，心靈有沒有第三個部分呢？

我們現在所揭露關於情緒激昂者的事實，與我們剛才的主張相反。我們原本以為那跟渴望的部分有關；但現在，絕非如此，我們說，在心靈的內訌中，它是站在估算的部分那邊。

確是如此，〔阿得曼圖〕說。

那麼，那個部分是否有別於估算的部分，或者是估算的一種特定形式，所以心靈沒有三種形式，只有兩種：估算的部分和渴望的部分？或是就像城市裡有三種階級：賺錢的、輔助的、審議的聚在一起，靈魂也有第三個部分，激情的，天生附屬於估算的部分，如果沒有被不良的教養腐蝕的話？[5]

阿得曼圖立刻認同蘇格拉底的看法：激情的部分——「thymos」——既非另一種欲望，也非理性的一個面向，而是心靈的一個獨立部分。激情同時是憤怒和驕傲的根源：利奧提烏斯非常自傲，相信他有更好的自我、能抗拒看屍體的誘惑，於是，當他屈服於渴望，他便為自己未能實踐那樣的標準而發怒。

早在現代經濟學問世的兩千多年前，蘇格拉底和阿得曼圖就了解現代經濟學未意識到的事情。欲望和理性都是人類心理（心靈）的組成要件，但第三個部分，激情，完全獨立於這兩者運作。激情是價值判斷的根源：利奧提烏斯自認不會去看屍體，就像毒癮者想當個有生產力的員工或慈愛的母親。人類不只想要外界的事物，例如食物、飲料、藍寶堅尼，或再打一劑。他們迫切需要對其價值或尊嚴的正面評價。這些評價可以來自內心，就如利奧提烏斯的例子，但更常是身邊其他認同他們價值的社會成員做出。如果他們獲得正面的評價，他們會覺得驕傲，如果沒有獲得，他們要不覺得氣憤（當他們認為自己被低估時）就是羞愧（當他們明白自己未達到他人的標準時）。

心靈的第三部分，激情，就是今天身分認同政治的根源。參政者確實會為經濟議題爭鬥：該減稅還是增稅、政府歲收的大餅該怎麼分給民主政體中的不同聲請人（claimant）。但許多政治生活跟經濟議題只有薄弱的關係。

且以同性婚姻運動為例。在二十一世紀的第一個十年，這像野火燎原般在已發展世界蔓延開來。這確實有經濟面向，和同性結合的生存者財產權（survivorship）、繼承權之類的權利有關，而許多經濟議題可透過修改公民結合（civil union）中關於財產的規定來解決。但公民結合的位階低於婚姻：社會會說同性戀可以合法在一起，但他們的結合跟男女之間的結合不同。這個辦法並不被數百萬希望其政治體系公開承認同性戀平等尊嚴的民眾接受；結婚的權利就是平等尊嚴的指標。而反對同性婚姻者想要的東西恰恰相反：他們希望法令清楚表明異性戀結合，以及傳統家庭的尊嚴較高。民眾投入同性婚姻的情緒與維護尊嚴的關係遠比經濟來得密切。

同樣地，在好萊塢製作人哈維．溫斯坦（Harvey Weinstein）的行徑被揭露後興起的 #MeToo 運動中，女性的盛怒基本上和尊重有關。儘管有權勢的男人脅迫弱勢女性之舉有其經濟面向，但只憑性徵或外貌評斷女性、不在乎其能力或性格等其他特性的錯誤，也存在於財富或權力均等的兩性之間。

回到激情與身分認同的故事。《理想國》裡的蘇格拉底並未主張激情是全人類共有的特徵，也沒有提出激情會以林林總總的方式展現。那看似屬於他想像中城市的某個特定階級：負責保衛城市抵禦敵人的衛士和輔助者。他們是勇士，不同於店主（渴望和滿足感是其主要特色），也不同於審議的領導階級（會用理性決定對城市最好的事）。蘇格拉底認為激情的衛士通常怒氣沖沖，並將他們比作對陌生人凶惡而對主人忠誠的狗。是憤怒和驕傲，而非理性或欲望刺激他們置死生於度外。

就這樣，蘇格拉底反映了古典世界的現實，事實上也是世界各地多數擁有貴族階級文明的現實，因為貴族階層能取得崇高社會地位是基於這個事實：他們，或者他們的祖先是勇士。「紳士」（gentleman）的希臘文是「kaloskagathos」，「美且善」之意，而「貴族」（aristocracy）則源自「由最好的人統治」一詞。這些勇士被認為在道德方面與店主不同，是由於他們具有美德：他們不惜為公共利益冒生命危險。榮耀僅授予那些刻意拒絕理性的功利極大化——即我們現代的經濟模式——的人，那些願意不惜賠上最重要的功利，也就是奉獻生命的人。

今天，我們傾向以極盡譏諷的眼光回頭看貴族，認為他們說好聽是妄自尊大的寄生蟲，說難聽則是社會其他成員的暴力掠食者。貴族的後代又更糟糕了，因為他們並非靠自己贏得家族享有的地位，而是憑著出生的機遇得到。但我們得承認，在貴族社會中，有這麼一個根深柢固的信念：榮耀與尊敬並非人人應得，而僅屬於冒著生命危險的階級。那種情感仍迴盪在現代民主社會：我們公民向來敬重為國捐軀的士兵，或冒生命危險執勤的員警和消防員。尊嚴或尊敬並非人人應得，那些首要目的在極大化自身福祉的商人或勞動者，更是別想得到。貴族自認比其他人優越，擁有我們所謂「凌駕他人的激情」——想被承認為高人一等的渴望。前民主社會是建立在社會階層的基礎上，因此在過去，相信特定階級天生優越，正是維持社會秩序的根本。

「凌駕他人的激情」的問題在於，每有一人被認定為高人一等，就有更多人被視為矮人一截，有更多人身而為人的價值並未得到公眾認同。蘇格拉底和阿得曼圖固然主要把激情和衛士階級連在一起，但似乎也認為所有人類都擁有心靈的三部分。非衛士也有自尊，當貴族摑他們耳光、叫他們滾蛋，或某個女兒或妻子被迫當社會「上流階層」的性玩物時，自尊就受到損害了。在某一群人一直想被視為高人一等的同時，若有人不被尊重，強烈的怨恨便油然而生。另外，雖然我們不吝為某些種類的成就稱讚人，例如傑出的運動員或音樂家，但許多社會榮耀並非根源於真正的優秀，而是社會習俗。我們很容易怨恨因不符期待的事情得到肯定的人，例如出風頭的社運分子或不比我們高明的實境秀明星。

因此，人類還有一股同樣強大的驅動力，是被視為跟其他每一個人「一樣好」，也就是我們所謂的「平等的激情」。[6] 凌駕他人的激情是經濟學家羅伯·法蘭克（Robert Frank）所謂的「地位財」（positional good）——是基於一個人相對於他人的地位，因此天生不能分享。[7] 現代民主的興起就是「凌駕他人的激情」被「平等的激情」取代的故事：僅承認少數菁英的社會，被承認人人生來平等的社會給取代了。在歐洲，階級分明的社會開始承認普通人的權利，曾淹沒於大帝國的民族紛紛尋求獨立、平等的地位。從根本而言，美國政治史上幾次大規模鬥爭——針對奴隸和種族隔離、勞工權利、女性平等權——都是要求政治制度擴大個體的範圍，承認個體擁有平等的權利。

但故事比那還要複雜。被社會邊緣化的群體紛紛爭取平等的承認，驅動了當代的身分認同政治。但獲得平等承認的渴望，可能很容易不知不覺變成要求別人承認該群體高人一等。這是民族主義和國族認同故事的一大重點，今天某些形式的極端宗教政治也是如此。

平等的激情還有個更深一層的問題：某些人類活動難免需要比其他活動更大的敬意。否認這點就是否認人類卓越的可能。我不會彈鋼琴，便不能假裝我在這方面與顧爾德（Glenn Gould）或魯賓斯坦（Arthur Rubinstein）相當。沒有哪個社群不會對為了公共利益奮不顧身的士兵或警察，致以比臨危脫逃，甚至背叛社群投靠外人的懦夫更高的敬意。承認人人價值平等，就是未能承認在某種意義上確實比較優秀的人的價值。

平等的激情要求我們承認人類同胞有基本的平等價值。在民主社會我們以《美國獨立宣言》聲稱「人人生而平等」。但自古以來，對於誰具備「人人」的資格，我們意見不一。在《獨立宣言》簽署之際，「人人」並未包括沒有財產的白人、黑奴、美洲原住民和女人。另外，既然人類的天賦和能力顯然各不相同，我們必須了解為了政治目的，我們願意就何種意義承認人人平等。《獨立宣言》說這「不證自明」，對於我們該如何理解平等，並沒有給多少指引。

激情是心靈尋求認同的部分。在《理想國》中，只有一個狹小的階級希望自己的尊嚴獲得承認——因為身為勇士，他們願意冒生命危險。但尋求認同的渴望似乎存於每個人的心靈深處。店主、工匠或街上的乞丐也可能感受到不受尊重之痛。但那種感覺是朦朧的，他們並不清楚為什麼自己該被尊重。他們的社會告訴他們，他們的價值沒有貴族那麼高；為何不接受社會的評斷呢？綜觀人類大部分的歷史，這確實是絕大多數人的命運。

但儘管激情是普世一致、始終存在的人性面向，相信我們每一個人都有值得尊重的內在自我、周遭社會不承認它可能是不對的，卻是近來才有的現象。因此，雖然尊嚴的概念源自激情，但一直要到現代，結合內在及外在自我的觀念，以及內在自我比外在自我更有價值的激進觀念後，尊嚴的概念才真正冒出頭。這是對於自我與社會現實的想法雙雙發生變化的產物，而那兩種概念，是在經濟與技術變遷的壓力下開始迅速演化。

注釋

1 Daniel Kahneman, *Thinking, Fast and Slow* (New York: Farrar, Straus and Giroux, 2013).

2 *The Republic of Plato*, trans., with notes and an interpretive essay, by Allan Bloom (New York: Basic Books, 1968), variorum sec. 439b-c.

3 Ibid., 439e-440a.

4 Ibid., 440a-b.

5 Ibid., 440e-441a.

6 平等的激情實際發酵的紀錄，請參閱羅伯特・富勒（Robert W. Fuller），《有名與無名之輩》（*Somebodies and Nobodies: Overcoming the Abuse of Rank*）。

7 Robert H. Frank, *Choosing the Right Pond: Human Behavior and the Quest for Status* (Oxford: Oxford University Press, 1985), 7.

第三章

內與外

不同於激情是人性的固定部分，將成為現代身分認同概念的概念，要到數百年前社會開始現代化後才出現。雖然發源於歐洲，隨後它幾乎散播到全球所有社會，也幾乎在所有社會生根發展。

身分認同的基礎奠定於人類的內在與外在分離的概念。個體開始相信，他們內心藏著一個真正或真實的身分，不知怎地就是與周遭社會指派他們擔任的角色不一致。現代的身分認同概念極重視真實性（authenticity），也就是要確認那個不許表現出來的內在本質。它站在內在自我而非外在自我的那一邊。往往，個體可能並不了解那個內在自我究竟是什麼，只隱約覺得自己被迫虛假度日。這可能致使我們執著於這個問題：「我到底是誰？」探求這個答案會產生疏離和焦慮感，唯有在自己接受那個內在自我，並獲得公眾承認時才能得到紓解。而如果要讓外面的社會恰當地承認內在自我，我們就必須想像，社會本身是能夠徹底改變的。

在西方，身分認同的概念某種意義上是誕生於宗教改革時期，而率先發難的是奧斯定會的化緣修士馬丁．路德（Martin Luther）。路德在維滕貝格接受傳統的神學教育，後成為大學教授；那十年間，他閱讀、思考，與內在自我拉鋸。套用一位史學家的話，路德「發現自己在上帝面前陷入絕望。他希望保證能被上帝接納，卻只能在自己身上找到罪惡的確證，只能在上帝身上找到毫不寬貸的正義，而那注定使他一切悔改的努力，與對救主慈悲的追尋徒勞無功。」[1]路德試著採用天主教建議的苦行來補救，但隨後明白自己做不了賄賂、誘騙或乞求上帝的事。他了解教會只是做表面功夫——透過告解、補贖、施捨、崇拜聖徒——這些全都於事無補，因為恩典的授予完全是上帝自由的慈愛之舉。

路德是第一位詳盡闡述內在自我，並認定其價值勝過外在社會存有（social being）的西方思想家。他主張人類有雙重天性，內在的自然神靈和外在的身體存有；既然「沒有任何外在事物會對造就基督的正義或自由構成任何影響」，唯有內在靈魂（inner man）可被更新。

> 唯獨信仰可支配內在靈魂，如《羅馬書》第十章（第十節）所說：「因為人心裡相信，就可以稱義。」而既然唯獨信仰可稱義，顯然，任何外界的作為或行動，皆無法讓內在靈魂稱義、解放或得救；外界的作為，無論性質為何，都與內在靈魂無關。[2]

這種唯獨信仰而非作為可一舉稱義的概念，正是後來新教的核心教義，而承認這點，便是暗中破壞天主教會的存在目的。天主教會是人與神之間的媒介，但那只能透過儀式和行為塑造外在。路德固然痛恨中世紀教會的墮落和腐敗，但更深刻的見解是教會本身不但毫無必要，其脅迫、賄賂上帝的作為更是褻瀆。路德不要再當那個被社會馴服的青少年，而是社會必須自我調整來順應內在靈魂的需求。雖然那並非路德的本意，但宗教改革恰恰帶來這個結果：羅馬天主教衰微，不再是普世教會，各種替代性教派興起，一連串社會變革就此展開，開始將個別信徒置於盛行社會架構之前。

長久以來，社會理論家一直在辯論，繼宗教改革之後發生於歐洲的劇變——即我們所稱的現代化——究竟是物質力量的產物，或是受到路德等人的理念所驅動。馬克思和當代新古典主義的經濟學家會說路德的理念是物質條件所衍生：若非民眾普遍對經濟不滿，加上德意志諸侯出現分裂，他的觀點絕對無法這樣傳播。另一方面，社會學家馬克斯・韋伯（Max Weber）認為理念居首：經濟學家研究的物質條件能夠起作用，是因為人們對它們的想法有所改變而賦予其正當性；類似情況以往也曾出現，卻未產生同樣的結果，因為智識環境不同。

在我看來，這兩種立場都掌握了部分事實，因為兩者互為因果。物質條件顯然會形塑民眾對特定理念的接受程度。但理念也有它本身的內在理路，沒有理念提供的認知架構，人們會對其物質條件做出不同的解釋。這會影響我們如何理解身分認同概念之演化，因為它既受思想演化驅使，也為歐洲展開社經現代化的同時、廣大社會的環境變遷所驅動。

理念方面，我們看到內在與外在的區別，以及前者勝過後者的評價，就某種重要的意義而言，是從路德開始的。＊一如之後許多與身分認同問題奮戰的思想家，他是從痛苦的自我探索，以及可在上帝面前稱義的方式開始。這個內在靈魂不是良善的；他是罪者，但可以透過內心的信仰獲得救贖，而這樣的信仰，是任何外在行為都無法表現的。因此路德是這個觀念，也就是身分認同核心問題的始作俑者：內在的自我是深刻的，擁有許多唯獨透過私下反省才能揭露的層面。

＊在馬丁．路德時代的數百年前，奧古斯丁在《懺悔錄》（*Confessions*）中也經歷了使他備受折磨的內在自我的探索。但不同於路德，他的著作並未貶低既有的社會制度，也沒有在他的時代觸發政治和社會的劇變。

但馬丁・路德距離現代對身分認同的理解甚遠。他頌揚內在自我的自由，但那個自我只有一個面向：信仰，以及領受上帝的恩典。這是個二元的選擇：你有選擇或不選擇上帝的自由。你不能選擇當印度教或佛教徒，或決定你真正的身分認同在於出櫃公開同性戀身分。路德並未面臨「意義的危機」，他會覺得那不可思議；雖然他抵制普世教會，但他完全接受基督的根本真理。[3]

路德還在另一個方面尚未臻至現代對身分認同的理解：他的內在自我並未尋求公眾認同它新發現的自由。事實上，他為自己的動機感到苦惱：他力求避免遭受自滿玷汙，深知「自己是怙惡不悛的罪人，避不掉他所謂的貪欲（concupiscence，做正確的事情不僅是為榮耀上帝，也是為自己打算的罪）」。[4]儘管他一輩子獲得相當大的認同，也能大肆宣洩正當的憤怒，但他信仰的教義是建立在人與神的私自關係上，而非任何形式的公眾認同上。

不過，內在與外在的區別已在此確立，可以讓後續的思想家注入新的內在自由形式，就算他們並未接受路德的基督世界觀。

到了十八世紀末，現代身分認同的核心概念歷經演化，已具備世俗的形式了。加拿大政治理論家查爾斯・泰勒（Charles Taylor）寫了這個過程的可靠紀錄，而在其中，哲學家盧梭扮演舉足輕重的角色。[5] 盧梭是許多日後對種種現代趨勢——民主、人權、共產主義、人類學、環境保護等——至關重要的理念之根源。但對他來說，內在自我之性善論，是與他各種政治、社會及個人著作密不可分的主題。[6]

盧梭扭轉了基督對人類內在的道德評價。諸如路德等基督徒相信原罪：人類是墮落的生物，唯有透過上帝的愛才能獲得救贖。盧梭在《論人類不平等的起源與基礎》（*Discourse on the Origins of Inequality*）中主張，第一個人——自然狀態中的人類——沒有罪。我們一提到罪與邪惡就會想到的那些特性——嫉妒、貪婪、殘暴、憎恨等——並非最早人類的特徵。盧梭認為，人類最早沒有社會：早期人類是單獨行動的可怕生物，需求不多，性是天性，而家庭不是。他們不會覺得貪心或羨慕；他們唯一的自然情感是憐憫他人的苦難。

根據盧梭的說法，人類的不快樂是從發明社會開始。人類最早是經由馴服動物開始降格成社會，因為那「造就第一股驕傲在他體內流動」。然後人類開始為了互保和互利而合作；這種較親密的來往「在人的心智中產生有某種關係的感知……我們會用很好、甚微、穩固、薄弱、迅速、緩慢、可怕、大膽和其他類似概念表達的關係」。比較和評價他人的能力，是人類不快樂的泉源：「人類一開始估算彼此的價值，明白尊重是什麼，便個個要求得到尊重，而不管是誰，不給他人尊重已非安全之舉。」盧梭指責「自愛」（*amour de soi*）已變成「愛自己」或「虛榮」（*amour propre*）；單純的利己變質為自傲的感覺，和得到社會承認的欲望。[7]

盧梭指出，私有財產是隨著冶金和農業的發明而出現；雖然讓人類遠比從前富有，但累積財產的能力也極盡誇大了個體之間的天生差異，將嫉妒、羨慕、驕傲和羞愧提升至新高。於是，盧梭舉世聞名的勸告，就寫在《論人類不平等》的開頭：

> 第一個圈了一塊地、擅自表示「這是我的地」，並找到頭腦簡單、信以為真的人，就是公民社會的真正創立者……那時要是有人站出來，拔掉地樁，扔到地溝裡，對同伴喊道「別聽那個人鬼扯；你們要是忘掉地上的果實屬於我們每一個人，而土地不屬於任何人，可以獨自占有，你們就輸了」，人類可以免去多少犯罪、戰爭、謀殺、苦難和恐懼啊！[8]

要怎麼帶領人類走出這個不平等和暴力的災難，盧梭有兩種不同的處方。其一概述於《社會契約論》（*The Social Contract*）。這是政治的解方：公民透過「公共意志」（general will）、憑藉共和精神團結起來，回到自然的平等狀態。公民會在政治聯盟裡彼此合作，但這個聯盟不容許異議或多元。這個解方已被公允地批評為原始極權主義，壓制多樣性且需要嚴格的思想統一。

第二種處方不走政治途徑，而是在個體的層次上演。在他晚期的作品《一個孤獨漫步者的遐想》（*Reveries of the Solitary Walker*）中，盧梭試著找回第一個人——也就是在社會發明前的人類——的意識狀態。他曾在《論人類不平等》中指出「人類的第一個感受，就是存在感」；這種存在感在《孤獨漫步者》中，化為充實、愉快的感覺回來，也就是個人試圖揭露藏在一層層習得的社會敏感性（social sensibility）底下的真正自我時，所浮現的感覺。[9] 有朝一日，盧梭的存在感將蛻變成今天所謂的人生體驗（lived experience），而這就是當代身分認同政治的根源。

就這樣，盧梭在人性方面表明一個特殊的立場。他質疑湯瑪斯．霍布斯（Thomas Hobbes）的主張：人在自然狀態下是暴力、殘酷、自私的；盧梭也不同意洛克的看法：私有財產是早期人類與生俱有。他也不認同蘇格拉底和阿得曼圖「激情是人類心靈的組成部分」的見解，因為他明確主張，驕傲的情感，以及獲得他人承認的渴望，並未存在於早期人類身上。

盧梭所斷言，也是在往後幾個世紀成為世界政治基礎的，是這個概念：一種名叫社會的東西存在於個體之外，那一大堆規範、關係、命令和習俗本身即是實現人類潛能、進而實現人類歡愉的首要障礙。現今，這種思考方式已成為我們的本能，使我們渾然不覺。被控犯罪而辯稱「是社會逼我」的青少年，或覺得潛力受到周遭性別歧視社會壓制的女性，都是明顯的例子。若把層級拉高，抱怨美國領導的國際秩序不尊重俄羅斯而試圖加以推翻的普丁，也是明證。雖然較早期的思想家可能批評現有社會規範和習俗的某些面向，但很少人主張現存的社會及其規範必須全部廢止，由更好的東西取代。歸根結柢，就是這點把盧梭和一七八九年法國、一九一七年俄羅斯，或一九四九年中國的革命政治連在一起。

如同馬丁．路德，盧梭在內在自我和要求服從規範的外在社會之間確立鮮明的對比。但不同於路德，內在個體的自由不僅在於他／她接納上帝恩典的能力，也在於天生、普遍感受「存在的情感」（*sentiment de l'existence*）、擺脫社會習俗層層節制的能力。也就是說，盧梭世俗化、普遍化了路德開啟的內在心靈——經由探索盧梭內心深處和那位奧斯定化緣修士一般痛苦而長久的情感而完成。查爾斯・泰勒指出：「這是現代文化巨大的主體性轉向（subjective turn）之一，是一種新的向內探索的形式，我們開始想像自己是有深刻內在的生物。」[10]

因此，盧梭將內在自我世俗化，並給予凌駕社會習俗的順位之舉，堪稱現代身分認同概念的墊腳石。但如我們所見，盧梭並不認為獲得承認的渴望是人類的天性。他主張自傲的情感和與他人比較的傾向並不存在於早期人類，而它們在人類歷史出現，便奠定了往後人類不快樂的基礎。因此，要重拾內在自我，就必須拋開需要社會認同的心態；孤獨的夢想家不需要別人的贊同。

基於現有對早期人類社會和人類演化的知識，我們或可指出盧梭在某些方面極為正確，而在其他方面錯得離譜。他大致正確地描述了人類社會演化的廣闊舞台，追溯今天我們所謂從採集狩獵到農業乃至商業社會的變遷。他強調農業的發明也是對的，包括農業如何帶領人類走向私有財產制、走向遠比它們取代的採集狩獵社會不平等而階級分明的農業社會。[11]

但盧梭在一些重要的事情上錯了，第一個便是他認定人類最早是個人主義的主張。我們知道他錯了首先是因為無論考古學或人類學都沒有前社會（presocial）人類的證據，其次是因為我們極為確信：現代人類的靈長類祖先本身就具高度社會性。現存的靈長類有複雜的社會組織，顯然也有維繫社會組織所需的感性能力。[12]盧梭認定自傲要到社會演化的某個階段才出現的主張很奇怪；那迴避了這個問題：這種人類固有的情感是如何自發性地出現來因應外界的刺激？假如驕傲是社會建構的，那幼童就得接受某種訓練才能感受，但我們沒有在孩子身上看過這種事。今天我們知道驕傲和自尊的感覺與大腦中神經傳遞質血清素的濃度有關，而黑猩猩在取得「大哥大」的地位時，會分泌高濃度的血清素。[13]行為意義上的現代人看似不可能有哪個時刻不跟別人比較，或不因得到社會承認而覺得自豪。在這方面，柏拉圖比盧梭更了解人性。

區分內在與外在自我的觀念會在宗教改革與法國大革命之間出現絕非偶然。當時，歐洲社會正經歷一連串深刻的經濟和社會變遷，創造了可能傳播這些概念的物質條件。

所有人類社會都會將其成員社會化，要他們遵守共同規範；若不如此，人類的合作，乃至於人類這個物種的成就，就不可能達成。所有社會都有叛逆的青少年和不適應者不想接受這樣的規則，但社會幾乎總能贏得這場爭鬥，強迫內在自我遵從外在的規範。

因此，我們現在了解的身分認同概念，根本不會在最傳統的人類社會產生。過去一萬年人類史的多數時間，絕大多數人類生活在安定的農業社區。在這樣的社會中，社會角色受限而固定：有基於年齡和性別的嚴格階級；大家有一樣的職業（務農或養育子女或料理家務）；人的一生都在同一座小村子裡度過，朋友、鄰居的圈子很小；大家的宗教信仰一致；而社會流動性——離鄉背井、選擇不同職業，或者跟不是父母選擇的人結婚——簡直毫無可能。這樣的社會沒有多元化，沒有多樣性，沒有選擇。由於缺乏選擇，個人就不可能無所事事地思忖「我到底是誰？」的問題。所有組成內在自我的特徵是固定的。或許有人會逃到別的村子表示反抗，但到了那裡，他／她會發現自己被困在同樣受限的社會空間。「社會」即個人，個人即社會，限制了個人的選擇，也沒有內在自我比社會更有價值的說法。

當全面的現代化在歐洲生根發展，一切開始改變。一場商業革命促使貿易大幅拓展，也開始顛覆既有的社會階級。亞當・斯密（Adam Smith）在《國富論》（*The Wealth of Nation*）中提出「勞動分工會受市場範圍限制」；隨著市場透過技術變革而成長，社會出現新的職業，也冒出有別以往的階級。城市愈來愈壯大、愈來愈獨立，猶如農民避風港的城市會試圖脫離領主的暴政。宗教改革引燃了長達一個半世紀的宗教戰爭，打亂了歐洲的政治地圖。那開啟了宗教選擇的可能性——這在中世紀教會之下毫無可能。印刷機的發明帶動讀寫能力的傳播，以及新構想的迅速流通。

這些更廣泛的社會和經濟變遷意味個人突然在生命中有了更多選擇和機會。在古老的社會，他們有限的社會選擇決定了他們的內在是誰；隨著眼界大開，「我是誰」的問題突然變得更切身，人們也猛然察覺，原來內在心靈與外在現實之間存在著巨大的鴻溝。構想形塑了物質世界，而物質世界為某些構想的傳播創造了條件。

注釋

1 G. R. Elton, *Reformation Europe*, 1517-1559 (New York: Harper Torchbooks, 1963), 2.

2 Martin Luther, *Christian Liberty*, ed. Harold J. Grimm (Philadelphia: Fortress Press, 1957), 7-8.

3 Charles Taylor, *Sources of the Self*: *The Making of the Modern Identity* (Cambridge, MA: Harvard University Press, 1989), 18.

4 Elton, *Reformation Europe*, 196.

5 請參閱泰勒的《自我的根源》（*Sources of the Self*）和《多元文化主義：檢視承認的政治》（*Multiculturalism*: *Examining the Politics of Recognition*）。

6 請參閱亞瑟・梅澤（Arthur M. Melzer），《人性本善：論盧梭的思想體系》（*The Natural Goodness of Man*: *On the System of Rousseau's Thought*）。

7 Jean-Jacques Rousseau, *Oeuvres completes de Jean-Jacques Rousseau*, vol. 3 (Paris: Editions de la Pleiade, 1966), 165-66. Author's translation.

8 Ibid., 165.

9 Jean-Jacques Rousseau, *Les rêveries du promeneur solitaire* (Paris: Editions Garnier Freres, 1960), 17. Author's translation.

10 Charles Taylor, *The Ethics of Authenticity* (Cambridge, MA: Harvard University Press, 1992), 26.

11 盧梭相信性是天性但家庭不是，這觀點似乎不符合就行為而言的現代人，但符合現代的黑猩猩，或許也符合一般認為現代人類的黑猩猩先祖。

12 欲詳盡了解這個主題，請參閱福山：《政治秩序的起源》。

13 Frank, *Choosing the Right Pond*, 21-25.

第四章

從尊嚴到民主

現代的身分認同概念結合了三種不同的現象。第一種是激情，即普世一致、人性渴望認同的部分。第二種是內在與外在自我有別，以及內在自我勝過外在社會的道德價值提升。第三種是逐步演化的尊嚴概念，也就是不只有某個狹隘的階級該獲得承認，而是人人都該獲得。尊嚴的拓展和普遍化使私下的自我探索轉化為政治計畫。在西方政治思想中，這樣的轉變發生在盧梭之後的世代，經由哲學家康德（Immanuel Kant）和黑格爾推波助瀾，尤以後者為甚。

據蘇格拉底的說法，需要尊嚴的人以政治社群裡的戰士為主，他們展現勇氣，願意為公共服務出生入死。那是其中一種理解人性尊嚴的方式，但還有別種。在《聖經》的創世紀書，亞當和夏娃原本生活在純真狀態，直到蛇拿一顆知善惡樹的果子引誘夏娃。一吃下果子，兩人就立刻察覺自己赤身裸體，以此為恥，而企圖遮掩。這違反了上帝的命令，因此上帝把他們逐出伊甸園，從此人類便生活在從這個原罪衍生出的墮落狀態。

基督的尊嚴概念便是繞著這種道德選擇的能力打轉。人類能夠分辨善惡；他們能夠選擇行善，就算他們常跟亞當和夏娃一樣沒這麼做。路德的因信稱義只是道德選擇的一種表達方式。而雖然亞當和夏娃做了錯的選擇，但倘若他們不會違反教規，那樣選擇也無妨。經由吃下果子，他們替自己及後代建立了道德地位，自此人類便知善惡之別，且能夠選擇。動物沒有知善惡之能，因為動物憑本能運作，而某種意義上上帝是純粹的良善，永遠能做正確的選擇。人類的選擇之能賦予他們比動物高的地位，因為那帶有上帝的良善之能，但不如上帝，因為人會犯過。在這種意義上，依照基督傳統，基本上所有人類是平等的：他們全都被賦予同等的選擇能力。道德選擇對人性尊嚴至關重要，浸信會牧師小馬丁．路德．金恩二世（Martin Luther King, Jr.）就強調過這點：「我有一個夢，要讓我的四個孩子有朝一日能活在這麼一個國度，在那裡，他們將以自己品格的內涵被評價，而非膚色。」——亦即，以他們內在自我所做的道德選擇被評價，而非外表的特徵。

這是基督教對尊嚴的理解方式，而康德在《實踐理性批判》（*Critique of Practical Reason*）和《道德形上學基礎》（*Groundwork to a Metaphysics of Morals*）等其他著作中提出世俗版。他主張，除了善的意志（good will）——也就是做出恰當道德選擇的能力——我們不能指稱任何事物為無條件的善。但康德並非以宗教的角度看待這點；對他來說，道德選擇包含為自身依循抽象理性法則的能力，而非為了工具理性（instrumental reason），即這樣的選擇對人類福祉或愉悅暗示什麼樣的結果。人類擁有做道德選擇的能力，意味人不是像霍布斯所想的那樣，是受物理定律支配的機器；人是道德主體（moral agent），可獨立於物質環境做選擇，而正因如此，人不應被視為其他手段的目的，而要當成本身的目的對待。道德不是功利的計算——計算將人類歡愉極大化的結果——而是選擇的行為本身。對康德來說，人性尊嚴是以人類意志為中心，即人類是真正的主體，或毫無原因的原因（uncaused cause）。

哲學家黑格爾接受這種道德選擇與人性尊嚴之間的連結；人類是可自由選擇道德的主體，不單是尋求盡量滿足欲望的理性機器。但不同於盧梭或康德的是，黑格爾在描述人類的境況時，將認同那種道德主體置於中心。在《精神現象學》（*Phenomenology of Spirit*）中，他主張人類歷史是爭取承認的鬥爭所驅動。這個需求最早出自願意浴血奮戰的勇士——不是為了領土或財富，而單單是為了承認本身。但這樣的承認最終無法令人滿足，因為那成了承認奴隸，承認某個沒有尊嚴的人。這個問題要到奴隸透過勞動、透過將世界改造成更宜人居的地方而獲得尊嚴時，才得以解決。唯一理性的承認形式是主人和奴隸互相承認彼此共有的人性尊嚴。

對盧梭來說，這樣的奮鬥主要是個人的自我追尋，但對黑格爾而言並非如此，而是在政治舞台上演。黑格爾時代最嚴重的衝突是法國大革命，以及革命將人權奉為神聖之舉。一八〇六年，年輕的黑格爾親眼目睹拿破崙在耶拿會戰（Battle of Jena）後騎馬穿過他住的大學城，認為這是承認開始以法國大革命原則的形式普遍化。黑格爾就是在這種意義上相信歷史已經終結：它已達到高潮，臻於「普遍承認」（universal recognition）的概念；後來的事件不過是將這個原則帶往地球的遙遠角落罷了。[1]

以個人權利為基礎的自由民主政權，將尊嚴平等的觀念奉列於法律中，承認公民為能夠共享自治的道德主體。在黑格爾的時代，這個原則被一名騎馬的將軍強加於各國，但對這位哲學家來說，這只是在人類自由成長茁壯的漫長故事裡的一個小細節而已。

到十九世紀初期，現代身分認同概念的要素大都就緒：內在與外在自我有所區別、內在靈魂的評價優於現有的社會制度、理解內在自我的尊嚴仰賴道德自由、明白這種道德自由是所有人類共有，以及自由的內在自我需要得到承認等等。黑格爾指出一件關於現代政治的根本事實：諸如法國大革命等事件釋放的激情，基本上就是爭取尊嚴的鬥爭。內在自我不只和個人反省有關；它的自由要體現在權利和法律上。法國大革命後兩百年湧現的民主浪潮，是由要求承認其政治人格性（political personhood）——亦即他們是能分享政治權力的道德主體——的民族驅動。

換句話說，奴隸將反抗主人；一個只有少數人的尊嚴獲得承認的世界，將被新世界取代，而新世界的創建原則，將是承認所有人的尊嚴。

注釋

1 Alexandre Kojeve, *Introduction a la lecture de Hegel* (Paris: Editions Gallimard, 1947).

第五章

尊嚴革命

平等承認尊嚴的要求驅動了法國大革命，而這種要求持續至今。

二〇一〇年十二月十七日，警方沒收了突尼西亞街販穆罕默德・布瓦吉吉（Mohamed Bouazizi）蔬果攤上的農產品，表面原因是他無照擺攤。據他的家人表示，他是被名叫菲達・哈姆迪（Faida Hamdy）的女警當眾掌摑，她也沒收了他的電子秤，並朝他的臉吐口水。布瓦吉吉到總督辦公室投訴，想取回他的秤，但總督拒絕見他。布瓦吉吉隨即在身上潑汽油自焚，大喊：「你們要我怎麼謀生？」

這件事的消息像野火燎原般傳遍阿拉伯世界，引發後來所謂的阿拉伯之春。突尼西亞立刻感受到效應，不到一個月，各地掀起的暴動導致該國長期執政的獨裁者班・阿里（Zine El Abidine Ben Ali）辭職下台、避走他國。大規模的抗議在其他阿拉伯城市爆發，尤以鄰近的埃及為最。埃及強人穆巴拉克（Hosni Mubarak）在二〇一一年二月被攆下台。抗爭和暴動也在利比亞、葉門、巴林、敘利亞等地發生，民眾覺得自己擁有權利，突然願意批評專制的領導人了。所有抗爭者共有的心情是怨恨：他們受夠政府的羞辱和漠視了。

往後幾年，阿拉伯之春出了嚴重的差錯。最大的悲劇發生在敘利亞，該國的獨裁者巴沙爾・阿薩德（Bashar al-Assad）拒絕交出政權，而對自己的平民發動戰爭，迄今已造成四十多萬人喪命、數百萬人流離失所。在埃及，初期民主選舉讓穆斯林兄弟會（Muslim Brotherhood）上台執政；由於擔心他們會將鮮明的伊斯蘭色彩烙印在國家上，軍方在二〇一三年發動政變。利比亞和葉門則墜入血腥內戰，專制統治者紛紛加緊對這個區域的掌控。唯有突尼西亞，即阿拉伯之春的濫觴之地，看起來像是自由民主政體，但也岌岌可危。

現在回顧這些事件，我們很容易主張阿拉伯之春從一開始就和民主無關，以及那個區域的首要政治趨勢是一種偏執的伊斯蘭主義。但這並未公道地看待布瓦吉吉自焚所釋放的政治激情。阿拉伯世界長期蒙受壓迫、不流動的獨裁統治；為什麼突然之間，大批民眾願意冒生命危險來回應一起單一事件？

布瓦吉吉的故事細節至關重要。他不是抗議人士，也不是遭政權不當對待的政治犯，而是一個苦苦掙扎，以非正式經濟謀生的平凡老百姓。許多發展中世界的企業家仍在進行地下經濟，因為政府讓民眾太難以遵守一大堆法律規範來經營正規事業。阿拉伯世界數百萬人對布瓦吉吉感同身受的是突尼西亞政府對待他的方式：他謀生仰賴的物品被專橫地沒收、他被當眾羞辱，而當他試著投訴、尋求正義，沒有人理他。政府沒有把他當人看，也就是值得最起碼尊重的道德主體——最起碼也該得到他的生計為什麼被沒收的解釋或藉口。對阿拉伯世界的數百萬人來說，布瓦吉吉的自我犧牲具體表現了他們所感受到統治政權的不公不義。

阿拉伯世界之後會陷入混亂，是因為阿拉伯人本身對於該由哪種類型的政權接替舊獨裁統治意見不一。但在二〇一一年的某一刻，他們對於自己不喜歡什麼卻有強烈的共識：把他們說好聽當孩子、說難聽當東西對待，政客貪腐、經濟剝削，戰爭時又把他們當砲灰的獨裁政府。

過去兩個世代，世界出現許多自發性的反獨裁政府起義，從一九八九年拉下共產主義政權的抗爭、南非脫離種族隔離、一九九〇年代撒哈拉以南非洲的平民動員，到二〇〇〇年代初期喬治亞和烏克蘭的顏色革命；在那些起義中，承認基本人性尊嚴都是核心議題。

事實上，其中一場起義真的被稱作尊嚴革命（Revolution of Dignity）。二〇一三年十一月烏克蘭總統亞努科維奇（Viktor Yanukovych）宣布他要中止國家試圖與歐盟簽署的聯合協定，改而尋求與俄羅斯及俄國總統普丁主導的歐亞經濟聯盟（Eurasian Economic Union）更緊密的合作。亞努科維奇是二〇〇四年橘色革命時的總統，他操縱改選的作為引發一場平民暴動、將他撵下台。但到了二〇一〇年，他又回任總統，因為當時執政的橘色聯盟腐敗又爭吵不休，無法實現當初的承諾。

亞努科維奇帶烏克蘭重回俄羅斯軌道的作為在首都基輔引發一連串的抗爭，十二月初，近八十萬民眾群集獨立廣場，支持繼續和歐盟結盟。政府以暴力相待，但一如許多這一類的情況，殺害抗議人士只會火上加油，讓支持親歐盟示威運動（Euromaidan）的群眾愈來愈多。次年二月，在一百多名抗爭者喪命後，局面失控，亞努科維奇二度下台，使烏克蘭步向新的政治開端。

歷經這些事件，烏克蘭跟突尼西亞一樣沒有成為成功的自由民主國家。它的經濟和政治由一小群寡頭集團成員主宰，屬其中一員的彼得．波洛申科（Petro Poroshenko）在二〇一四年稍後當選總統。這個政府雖為民主選出，卻充斥貪腐，且遭到鄰國俄羅斯攻擊，同年俄羅斯占領克里米亞，並在烏克蘭東部開戰。儘管如此，理解帶起親歐盟運動和尊嚴革命的政運人士的根本動機，仍十分重要。

嚴格來說，這場示威無關民主，如果我們給民主的定義是透過選舉表達公眾選擇的話。靠所屬地區黨（Party of Regions）的支持，亞努科維奇曾是二〇一〇年合法選出的總統。這場起義真正反對的是貪腐和濫權。如同不久後其華麗的官邸和其他財產所揭露，亞努科維奇就任總統後已累積數十億美元的個人財富。地區黨獲得影子寡頭集團成員里納特・阿克梅托夫（Rinat Akhmetov）的強力支持，他掌控了烏克蘭東部大部分的大型工業。在親歐盟和親普丁俄羅斯之間的選擇，被視為要在哪一種政府底下過日子的抉擇：一是平等對待全體公民的現代政府，一是由自肥竊國者（kleptocrat）躲在民主表象後面操弄民主的政權。普丁的俄羅斯就是這種黑道國家（mafia state）的象徵；跟它而非歐洲走得更近，代表又向那個實權被一小撮無可問責的菁英牢牢掌控的世界踏入一步。因此我們相信，親歐盟示威運動旨在爭取平民百姓的基本尊嚴。

在阿拉伯之春初期階段和顏色革命中顯而易見的動力，說明了現代自由民主的道德核心為何。這樣的政權是以孿生的自由及平等原則為基礎。自由可以從消極意義來理解，例如不受政府權力節制。這正是許多美國保守派的詮釋方式：個人應被允許過他們想過的私生活。但一般而言，自由的意義不只是政府不干涉：它意謂人類的主體性（human agency），即透過積極參與自治、行使權力份額的能力。這就是突尼斯、開羅或基輔街頭群眾感受到的動力，他們第一次覺得自己可以改變政府權力被運用的方式。自由在公民權中制度化，那給予每一位公民一小份政治權力。自由也在言論自由、集會自由等權利中確立，那些是政治性自我表達的途徑。因此，許多現代民主憲法都列入平等尊嚴的原則。它們援引基督傳統：視尊嚴根源於人類的道德主體性，不過那樣的主體性不再從宗教角度看待，不再被視為接受上帝的能力，而是身為民主政治社群的一員，分享權力行使的能力。

在現代自由民主政體中，第二個原則——平等，很少被理解為包含重大經濟或社會平等的承諾。嘗試實現這種平等的社會主義政權很快就會發現自己與第一個自由原則相牴觸，而需要對公民的生活進行大規模的國家管控。市場經濟仰賴個人對私利的追求，而既然人人能力與出身各異，這自然會造成財富不平等。現代自由民主政體中的平等，意義向來比較接近自由的平等。這同時包括平等的消極自由——免於政府權力濫用，和平等的積極自由——參與自我治理和經濟交流。

現代自由民主國家透過打造有能的政府來落實上述自由平等原則，而這樣的政府仍受法治及民主可問責性約束。法治透過授予公民某些基本權利來限制國家權力——也就是在言論、結社、財產和宗教信仰等領域，國家不得限制個人的選擇。法治也會透過「法律之前人人平等」的觀念來落實平等原則——體制內官位最高的人也不例外。接下來，民主可問責性試圖給予所有成年公民同等的權力份額，除了賦予選舉權，也准許他們在反對統治者之權力行使時更換之。這就是為什麼法治和民主可問責性通常焦孟不離。法治保障免於政府濫權的消極自由及平等參政的積極自由，就像它在美國民權運動時代做到的那樣。民主可問責性則可避免司法體系遭到濫用。在十七世紀英國內戰期間，國會團結一致保護司法獨立；波蘭公民社會也在二〇一七年司法獨立受到執政黨威脅時努力捍衛。

現實世界的自由民主國家從未徹底實現其根本的自由平等理想。權利屢遭侵犯；法律從未平等用於有錢有勢者和貧窮弱勢族群；公民雖有機會參政，但往往選擇不這麼做。另外，自由的目標與平等的目標之間天生存在著衝突：更大的自由往往會使不平等加劇，而齊頭式平等的做法又會削減自由。成功的民主仰賴的不是完美實現理想，而是取得平衡：個人自由與政治平等之間的平衡，行使合法權力的有能政府和抑制政府的法律及可問責制度之間的平衡。許多民主國家試圖透過政策做遠比這更多的事，例如促進經濟成長、改善環境、提升消費者安全、支持科學和技術等等。但有效地承認公民是有能力做政治選擇的平等成年人，是成為自由民主政體最起碼的條件。

相形之下，獨裁政府就未能承認公民的平等尊嚴。它們或許會透過詞藻華麗的憲法來假裝承認，例如中國或伊朗的憲法都列了洋洋灑灑的公民權利，但寫一套做一套。在相對厚道的獨裁政體，例如李光耀的新加坡和鄧小平時期的中國，國家對公民採取家長式專制的態度。平民被當成需要國家這個睿智家長保護的孩子；他們不被信任有辦法自己行事。在最糟的獨裁政體，例如史達林和希特勒當政時，人口的幾大部分——「kulak」（富農）、資產階級、猶太人、障礙人士、非雅利安人——被視為比人類低等的垃圾，可藉集體利益之名加以拋棄。

自法國大革命後，期盼國家承認個人基本尊嚴的渴望，一直位於民主運動的核心。要解開黑格爾在主奴關係中看到的矛盾——只有主人獲得承認——建立保障政治權利平等的政府是唯一理性的途徑。就是這點驅使美國人在民權運動期間發動抗爭、南非人挺身反對種族隔離、布瓦吉吉犧牲自己，以及其他抗議群眾在緬甸仰光、基輔獨立廣場或開羅解放廣場，以及千百年來其他無數對抗中冒險犯難。

第六章

表現型個人主義

法國大革命釋放了後來成為世界各地兩種身分認同政治版本的現象，雖然當時這個詞彙並未用來描述這兩種現象。其一是要求承認個人尊嚴，其二是承認集體的尊嚴。

第一種個人主義的趨勢是從這個前提開始：人人生而自由，人人追求自由的渴望是平等的。政治制度是創造來盡可能維護天生的自由，並配合一般社會生活的需求。自由民主將平等保障個人的自主權置於其道德規約的核心。

但自主權（autonomy）是什麼意思？如我們已經看到的，馬丁．路德支持悠久的基督傳統，認為人的自由是神賜的禮物，那賦予人類凌駕於自然世界其他事物的尊嚴。*但那樣的自由僅限於擁有信仰和遵循上帝法則的能力。康德延續這個傳統，以人類基於抽象理性原則做道德選擇的能力為中心，提出世俗化的自主權版本。對康德來說，人性尊嚴建立在以下觀念：所有個體都是毫無原因的原因，能夠以不受限於物理法則的方式行使真正的自由意志。但康德「定言令式」（categorical imperative）之類的法則，並非個人選擇的目標；它們是透過哲學推理而衍生，且絕對適用於所有人類。

於是，在這個傳統，人性尊嚴圍繞著個人做出適當道德選擇的能力——不論界定道德選擇的是宗教，或世俗的理性。

尊嚴根植於人類道德選擇的概念已在政治上得到彰顯，嵌入眾多現代民主憲法之中，包括德國、義大利、愛爾蘭、日本、以色列和南非。例如一九四九年德國基本法（German Basic Law）第一條第一項就說：「人性尊嚴不可侵犯。尊重及保護人性尊嚴為所有國家機關之義務。」南非憲法法院也指出：「尊嚴的權利即承認人的固有價值。」

這些憲法皆未精確定義人性尊嚴是什麼，也罕有西方政治人物能在被逼問時解釋其理論基礎。要了解這些提及人性尊嚴文獻的起源，我們必須先看看這個詞的由來，以及走過什麼樣的歷史軌跡而被寫成這樣。德國和南非的例子顯然都源於康德的尊嚴概念。德國基本法用「不可侵犯」（inviolable）一詞便暗示其他所有權利都低於這個基本權利，讓人想到定言令式；南非提及「固有價值」亦如

---

* 嚴格說來，馬丁．路德相信信仰是神的禮物，是神的恩典，不是個人能用意志力驅使之物。喀爾文教派進一步延伸這種教義，相信個人會不會得到救贖是預先注定好的事；個人對結果起不了任何作用。但在這兩種教義下，信仰都是內在自我的特徵，仍要求服從上帝的法則，而上帝法則的內容不受人類的選擇支配。

是。[1]尊嚴權利的基督起源印證於這個事實：最早推動制憲保障尊嚴的主要是各國的基督民主黨——始於一九三七年的愛爾蘭憲法。但這些憲章都沒有明確地提到基督教，或試圖將政治權利連結宗教信仰。[2]

始於霍布斯和洛克，經十九世紀約翰・史都華・彌爾（John Stuart Mill）等思想家傳承的英美自由傳統，以比較沒那麼形而上的方式看待自主權。這個傳統並未以自由意志為中心打造自主權；自由純粹是擺脫外在束縛、追求個人欲望與熱情的能力。（對霍布斯來說，人類就像欲望推動的機器；意志不過是「最後一個考慮的愛好」（the last appetite in deliberating），或個人最強烈的欲望。）結果，帶有基督—康德色彩的「尊嚴」一詞，並未出現在美國憲法，或《聯邦論》（*Federalist Papers*）等創國文獻中。[3]然而，霍布斯「人類在享有自然自由（natural freedom）方面本質平等」的觀念，成了社會契約賴以建立的政治權利的基礎。霍布斯的自然生命權利也化為「生命、自由、追求幸福」的權利，嵌入《美國獨立宣言》中。因此，上述兩種傳統，雖然在詮釋自主權性質的前提上略有不同，卻殊途同歸，促成類似的政體，同樣致力於保障個人權利。

自由政治的傳統經由賦予公民平等權，將其中一種個人自主權的版本制度化。但盧梭的自主權版本指的是比「單單」政治參與更深刻、更豐富的東西。他在自己身上看到「大量」被社會壓抑的情感。他的意識是不快樂的意識，被社會深深疏離，而要奮力爭取自由。查爾斯・泰勒這麼解釋：

> 這是傳承給我們的強大道德理想。那認為某種與自己、與本身內在的接觸具有重要的道德意義，而內在有失去之虞，部分是順從外界的壓力所致，也因為對自己採取工具主義的態度，我們已失去聆聽內在聲音的能力。[4]

這種對於道德的重新評價是從路德開始。傳統上基督教是把內在自我理解為原罪的所在地：我們充滿邪惡的欲望，而那些欲望會驅使我們違反上帝的律法；普世教會制定的外在社會規範會引導我們壓抑那些欲望。盧梭追隨路德，但翻轉了路德的評價：內在自我是良善的，或至少有良善的可能；周遭的道德規範才是不好的。但是對盧梭而言，自由不只是接受道德規範的道德選擇，也充分表現了建構真實內在自我的感覺和情緒。這些感覺和情緒常在藝術中得到最精湛的表現。

萊昂內爾・特里林（Lionel Trilling）在著作《誠與真》（*Sincerity and*

Authenticity）中精闢解釋道，後盧梭時期的歐洲文學，有一種新類型崛起，就從狄德羅（Denis Diderot）的《拉摩的侄兒》（*Rameau's Nephew*）和歌德的《少年維特的煩惱》（*Sufferings of Young Werther*）開始，讚頌無法在社會裡找到歸宿，且真誠表現其創造天賦的藝術家。諸如梵谷（Vincent van Gogh）、卡夫卡（Franz Kafka）等在有生之年未獲賞識的人物，遂成為印證庸俗社會愚不可及、無法欣賞深刻個體性的象徵。

這種文藝鑑賞的轉變反映出歐洲道德共識更深層、更根本的崩潰。曾定義歐洲道德視域（moral horizon）的組織化教會，開始遭到伏爾泰等啟蒙時期人物批判其與前民主時代政治現狀的關聯。但基督教的根本真理本身也逐漸受到十九世紀初自由神學家大衛．施特勞斯（David Strauss）等人的質疑，施特勞斯的《耶穌的一生》（*Life of Jesus*）指出耶穌該被視為歷史人物，而非名副其實的「上帝之子」看待。[5]這個趨勢在十九世紀末的尼采思想達到高峰，他承認基督上帝曾經存在於人世，為歐洲社會建立明確的道德視域。但後來上帝死了，信仰也崩潰了，留下可用其他價值填補的道德真空。不同於傳統道德學者，尼采頌揚這個事實，因為那大幅拓展人類自主的範圍：人類不僅如路德和康德所言，有接受道德法則的自由，也有為自己創造法則的自由。在尼采的思想中，最高形式的藝術表現就是價值創造。擁有至高自主權的人是他著作裡的查拉圖斯特拉（Zarathustra），他可以在基督上帝死後宣布重新評估所有的價值觀。

現代自由社會繼承了共同宗教視域消失後留下的道德混亂。現代自由社會的憲法保障了個人的尊嚴和個人的權利，而那種尊嚴似乎集中於個人做出道德選擇的能力。但那些選擇的範圍在哪裡？是否僅限於接受或拒絕周遭社會建立的一套道德規範，或者，真正的自主權也包含制定規範的能力？二十世紀，隨著共同的基督信仰在西方社會式微，來自其他文化的不同規範與價值開始取代傳統的規範與價值，什麼都不信的選項也赫然出現。道德範疇外的個人選擇，開始隨著市場經濟及市場經濟所需的整體社會流動而擴張：人們可以自己選擇職業、配偶、住處和牙膏品牌。因此人們也該擁有某些道德價值的選擇，是看似合理之事。到二十世紀末，在多數現代民主政體，人們對個人自主權範圍的理解已大幅擴張，造就了有時稱為表現型個人主義的全盛時期。從尼采的著作《善惡的彼岸》（*Beyond Good and Evil*）到美國最高法院大法官安東尼·甘迺迪（Anthony Kennedy）一九九二年在《賓州東南部計畫生育組織訴凱西案》

（*Planned Parenthood v. Casey*）中的主張——自由是「自己為各種概念下定義的權利，包括生存、意義、宇宙和人類生活奧祕等概念」——之間，有條清楚的線段連接。[6]

這種理解自主權的方式有個問題：在實現社會生活上，共同價值觀有其重要的功用。如果我們連最低限度的共同文化都沒有共識，就不可能合作進行共同的任務，對何謂合理制度的看法也不一致；甚至，缺乏彼此理解意義的共通語言，我們根本沒辦法互相溝通。

此外還有一個問題：並非人人都是尼采心目中企求重估所有價值的超人。人類是高度社會性的生物，其情感傾向會驅使他們遵從周遭的規範。當穩定、共有的道德視域消失，被雜七雜八相互較勁的價值系統給取代，絕大多數人不會因為有了新的選擇自由就歡欣鼓舞。反之，他們會萌生強烈的不安和疏離感，因為他們不知道他們真正的自己是誰。這種身分認同的危機與表現型個人主義背道而馳，促使人們尋找能使個體重新連結社會群體、重新建立明確道德視域的共同身分。這種心理事實為民族主義打下基礎。

多數人並沒有深不可測、僅屬於自己的個體性。他們自認是真實內在自我的東西，其實是由他們和其他人的關係、其他人提供的規範和期望所建構。一個巴塞隆納居民突然了解自己真正的身分是加泰隆尼亞人而非西班牙人，就是挖掘一個更底層、被埋在更接近表面的那個身分底下的社會身分。

承認與尊嚴的政治在十九世紀初期來到岔口。一條岔路通往個人權利的普遍承認，進而邁向自由社會，試著為公民提供不斷擴張之個人自主權。另一條岔路則通往集體認同之主張，而其中兩種主要表現形式是民族主義和政治化的宗教。十九世紀末的歐洲既見到自由民主運動崛起，要求普遍承認個體性，亦見到較不祥的排他性民族主義興起，最終觸發二十世紀初的兩次世界大戰。在當代穆斯林世界，集體認同以伊斯蘭主義的形式出現——意即要求承認伊斯蘭為政治社群基礎的特殊地位。

這種雙向性——一是追求個人權利的普遍承認，一是追求以民族為基礎的集體承認——在盧梭的著作中昭然若揭，他在不同的時刻頌揚平靜、孤獨的夢想家和崇武的公共意志（general will）。這兩者從法國大革命之初即已存在，它同時打著兩面旗幟：一面是普世的——促進與國界無關的人類權利；另一面則是法國的——捍衛「祖國」法蘭西，抵禦外敵入侵。當革命被拿破崙挾持，他同時追求兩個目標，一面用軍力拓展自由主義的《拿破崙法典》（*Code Napoleon*），一面在他征服的歐陸土地上強制執行法國的宗主權。

這種二元性也出現在阿拉伯之春和烏克蘭的尊嚴革命。中東各地數百萬阿拉伯民眾可以同情穆罕默德．布瓦吉吉，但並非人人都想生活在一個承認不分宗教、所有公民權利平等的社會。諸如突尼西亞的班．阿里和埃及穆巴拉克等專制政權都是機會均等的獨裁者，不僅壓迫親西方的自由派，也壓迫伊斯蘭主義者的世俗派政權。擁護由自由派繼任的人士，要和尋求以宗教定義民族認同的伊斯蘭主義者競爭。二〇一二年，當隸屬伊斯蘭主義派的穆斯林兄弟會經由民主選舉在埃及執政，他們看似極可能建立自己的獨裁政權，致使軍方在二〇一三年六月發動政變。許多埃及前自由派人士支持此舉，以防埃及變成伊斯蘭主義的共和國。

與此類似，烏克蘭尊嚴革命是以親西方自由派人士的聯盟為基礎，他們希望烏克蘭加入歐盟，成為正常歐洲國家。但他們也和右區（Right Sector）等團體的烏克蘭民族主義者合作，後者力求維護獨立的烏克蘭文化認同，對自由、開放的烏克蘭較不感興趣。

我們會在第十章和第十一章回到過去二百年來，自由社會中個人主義者對尊嚴和自主權的理解，究竟如何演變的問題。現在，我們將更仔細地檢視兩種集體認同的形式——基於民族主義和基於宗教的認同。

民族主義和伊斯蘭主義——即政治伊斯蘭——可視為同一枚銅板的兩面。兩者都表現了被隱藏或壓抑而尋求公眾承認的族群認同。兩種現象也在類似的情勢出現：經濟現代化和社會迅速變遷侵蝕了較古老的社群類型，並以混亂的多元化，聯合多種替代形式取而代之。

注釋

1 Rex Glensy, "The Right to Dignity," *Columbia Human Rights Law Review* 43 (65) (2011): 65-142.

2 薩繆爾・莫恩（Samuel Moyn），〈憲法尊嚴祕史〉（The Secret History of Constitutional Dignity），《耶魯人權及發展期刊》（*Yale Human Rights and Development Journal*）一七（二）（二〇一四）：三九—七三。「尊嚴」一詞已進入墮胎的議論中，因為天主教會堅持人類的尊嚴是從胚胎開始，構成不可褻瀆的道德地位。

3 葛蘭辛（Rex Glensy）於〈尊嚴的權利〉（The Right to Dignity）一文中指出，「尊嚴」一詞出現在

《聯邦論第一篇》（*Federalist No.* 1，漢密爾頓〔Alexander Hamilton〕撰），但只與高官的地位有關。

4 Taylor, *Ethics of Authenticity*, 29.

5 David F. Strauss, *The Life of Jesus, Critically Examined* (London: Chapman Brothers, 1846).

6 Planned Parenthood of Southeastern Pennsylvania v. Casey, 505 U.S. 833.

第七章

民族主義與宗教

路德、盧梭、康德、黑格爾以不同的方式理解尊嚴。但他們都算是普世主義者，因為他們相信，基於人類追求內在自由的潛力，全人類的尊嚴是平等的。但爭取承認的要求常化為一種更特別的形式出現，圍繞在特定被邊緣化或不受尊重的族群尊嚴上。對許多人來說，需要被彰顯的內在自我不是一般人類的內在自我，而是來自特定地方、實行特定習俗的特定某一種人的內在自我。這些局部性的身分認同可能基於民族，也可能基於宗教。因為它們要求世人承認該族群的尊嚴，它們遂變成我們稱作民族主義或伊斯蘭主義的政治運動。

一位思想家至關重要地將爭取承認的焦點，從個人自由（普世共有的個人自由）轉移到基於特定民族或文化特徵的集體自由。他是約翰・戈特弗里德・赫德（Johann Gottfried von Herder），與康德同為十八世紀晚期的人物，也是康德的學生。赫德常被抨擊為現代歐洲族群民族主義之父，是頌揚原始「人」（德語 *Volk*）的作家，更是希特勒遙遠的前輩。

但這位思想家的著作並未在英語世界獲得充分的閱讀和研究，因此這樣的抨擊非常不公平。在人類平等的啟蒙觀念上，赫德與康德有諸多一致，但赫德花了更多時間廣泛閱讀歐洲人的旅遊文學；那些作家曾造訪國外窮鄉僻壤，記錄對當地風土民情的觀察。赫德在《省思人類史哲學》（*Reflections on the Philosophy of the History of Mankind*）中明確指出人類只有一種，並抨擊其他試圖為世界各種族分級的作家。他同理非洲人為奴的痛苦，也主張文化可視其對待女性的方式來衡量。早在現代遺傳學發現之前，他就對於生物特徵和環境在塑造行為方面的複雜互動有出奇精闢的認識。[1]

不過，赫德主張每個人類社群都是獨一無二，與鄰居不同。他指出氣候和地理條件對不同民族的習俗有巨大的影響，每一種習俗都會表現出本身適應在地環境的「天賦」。不同於黑格爾貶低非洲，認為非洲與人類歷史無涉，赫德對於歐洲以外的文化採取較同情的觀點。就像當代的文化人類學家，他較感興趣的是描述，而非評判其他民族。另外，早在歐洲積極殖民全球之前，他已提出當代國家創建者或許會銘記在心的警告：「切莫想像人類的技藝可藉專橫權力之助，立刻將某外國地域轉變成另一個歐洲。」[2]

赫德與現代民族主義的連結非常明確。他的作品試圖促使讀者欣賞世上每一支民族的獨特習俗和傳統。一如盧梭，他不認為生活在歷史較後面時期的人，一定比前面的「原始」民族更優秀或更快樂。他同意社會可能迫使我們扮演不正確的角色。在這方面，他和黑格爾的立場截然不同，黑格爾將在接下來的世代主張，歷史是普遍且漸進的。[3]

赫德將其文化原真性（cultural authenticity）的概念應用在他那個時代的德國。當時的德國分成無數個小公國，其中許多力求模仿法國凡爾賽宮廷的輝煌和文化。赫德主張德意志人應以自己的文化及傳統為傲，不該企圖做二等法國人。他尋求承認，不是為抽象概念的人（例如「人的權利」一詞中的「人」），而是為他特定的民族，及以此類推，其他每一個人類的社群。

從法國大革命到一九一四年第一次世界大戰爆發，即所謂「長十九世紀」期間，有兩種尊嚴的版本和兩種處理身分認同的方式相互較勁。第一種是承認普世一致的人的權利（當時不一定包括女性）；另一種是承認遭其他民族壓迫或奴役之特定民族的尊嚴。這兩種不同的尊嚴版本——普世和民族——較勁了數十年；例如一八四八年陸續於歐洲各地爆發的革命就同時打著自由權利和民族自決的名號。二十世紀初，自由版的尊嚴加入了另一種普世主義的學說——為無產階級權利奮鬥的馬克思社會主義。自由與社會主義運動和民族主義之間的競爭歷經兩次世界大戰；在法西斯主義於一九四五年潰敗後，這兩種普世學說分道揚鑣，成為冷戰時期世界政治圍繞的兩極。但雖有歐盟等機構設計來抑制民族主義，民族主義從未完全名譽掃地，且在二十一世紀捲土重來。

要理解民族主義的崛起，思想固然重要，但重大的經濟和社會變遷也為民族主義在十九世紀歐洲的興起打下基礎。中世紀的舊有歐洲秩序階級分明；封建制度將歐洲人口分成無數個微小的管轄區域，意在將他們鎖在固定的地方。

反觀現代市場經濟則仰賴勞力、資本和思想的自由流動，從充足之地流向可贏得高報酬之地。自由社會提供的普遍性承認特別有助於資本主義的發展，因為那保障個人從事商業、不受政府干預的自由，且維護他們擁有私人財產的權利。因此，毫無意外地，自由主義成為經濟成長的下女，而當時最自由的兩個社會，英國和美國，自然是十九世紀到二十世紀初期工業化的龍頭老大。

但現代市場經濟也需要像是民族主義和民族認同之類的東西。民族主義的信條是：政治邊界應與文化社群相符，而文化主要由共同語言定義。在現代化之前的歐洲，法國除了巴黎法語（Parisian French），還是布列塔尼語（Breton）、皮卡第語（Picard）、法蘭德斯語（Flemish）和普羅旺斯語（Provençal）等不同語言拼成的鑲嵌畫。歐洲其他地方，農人的語言往往和莊園領主不一樣；十九世紀前，拉丁語是哈布斯堡帝國（Habsburg Empire）的宮廷語言。在中、東歐各地自給自足的小社區，德意志人和波蘭人、摩拉維亞人、烏克蘭人、匈牙利人和其他許多民族混居。以上種種都抑制了工業化社會勞力市場所需的流動性。社會人類學家艾尼斯特・葛爾納（Ernest Gellner）這麼解釋：「以高功率的技術和持續成長的期望為基礎的社會已經興起，那既需要可流動的分工，也需要陌生人之間持續、頻繁和精確的溝通。」這需要統一的國家語言，以及國家主辦的教育制度來發揚民族文化。「個體的受雇能力、尊嚴、安全感和自尊……現在都取決於他們的教育了……現代人不論自己怎麼說，都不忠於君主、土地或信仰，但忠於一種文化。」[4]

但民族主義也萌生於工業化釀成的強烈焦慮。假設有個年輕農夫漢斯是在德國薩克森的小村落長大。他在這個小村子的生活一成不變：他和父母及祖父母住在同一間屋子；他和父母覺得可以接受的女孩訂婚；他由在地牧師施洗；他打算繼續在他父親工作的那塊地工作。漢斯不會想要問「我是誰？」，因為這個問題已經由他身邊眾人幫他回答了。但有一天他聽說迅速工業化的魯爾河谷有很多機會，所以他前往杜塞道夫，找到一份鋼鐵廠的工作。

現在漢斯和數百名跟他同樣來自德國西北部各地的年輕人住在宿舍。大家說不一樣的方言；他遇到的一些人甚至不是德意志人，而是荷蘭人或法國人。他不再受父母和當地牧師約束，也會碰到與村民不同教派的人。他和未婚妻仍有婚約，但也受到一些當地女性的誘惑，而他覺得他的私生活自由得令人振奮。

但漢斯也覺得苦惱。回到村裡，他的身邊圍繞著親人朋友，他們認識他，會在他生病或歉收的時候支持他。對於他的新朋友和點頭之交，他就沒那麼有把握了，他也不確定他的新雇主，一家大企業，會不會顧及他的權益。有人告訴他，一些共產主義的煽動分子正鼓吹在他的工廠設立工會，但他聽說了有關他們的壞話，也不信任他們。報紙上都是互相矛盾、敘述國會衝突的報導，他不曉得該相信誰。漢斯懷疑每一個吵來吵去的政黨都很自私，無意真正代表他發言。他的德國已成為一個龐大**帝國**的一部分，他可引以為傲，偏偏這個帝國正迅速衝向一個不確定的未來。他覺得孤單，與周遭格格不入；他思念故鄉，又不想回去，因為那象徵他失敗而歸。生平第一次，漢斯可以選擇要怎麼過日子，但他不禁懷疑自己到底是誰，又想成為什麼樣的人。身分認同的問題——在他的村子裡絕對不成問題——如今卻讓他耿耿於懷。

在十九世紀社會理論家斐迪南・滕尼斯（Ferdinand Tönnies）筆下，漢斯的個人故事就是典型從「*Gemeinschaft*」轉移到「*Gesellschaft*」的過程，也就是從（鄉村）社區轉移到（都市）社會。這是十九世紀間，數百萬歐洲人的共同經歷，現今則發生在中國、越南等快速工業化的社會。

從社區過渡到社會所引發的心理斷層，為一種起於濃濃鄉愁的民族主義意識形態奠定基礎：人們懷念想像中緊密社區的過往，那裡不存在多元現代社會的分裂及混亂。早在希特勒於一九三〇年代崛起之前，德國作家們就在哀悼「社區」的失落，以及他們眼中國際性自由社會的扭曲了。

歷史學家弗里茨・斯特恩（Fritz Stern）分析過多位早期德國身分認同的意識形態思想家，例如極具影響力的論辯家兼《聖經》學者保羅・德・拉加爾德（Paul de Lagarde）。拉加爾德生活在十九世紀晚期、俾斯麥領導下剛歸於一統的德國，那時的德國正經歷經濟成長、工業化及軍事和政治力量迅速增長的奇蹟。但拉加爾德——在無數文章及小冊子（一八八六年彙編為他的《德國文集》〔*German Writings*〕）中——環顧四周只看到文化的衰敗：基於理性及科學的自由主義學說，已使德國精神退化成追求私利。必須把崇尚美德、社區緊密的老德國帶回來。他想像了一種融合基督和「德意志民族特徵」的新宗教，而這種信仰將成為新國族認同的基礎。拉加爾德寫道：「既成國家，（一支民族）就只有一種意志，所有矛盾消除殆盡。」多少有點被學術界排斥的他，從未因翻譯《聖經》《七十士譯本》（Septuagint）而獲得他自認配得上的名聲；與德意志民族融為一體，立刻成為他個人孤寂的解藥，也給予他以學者身分無法贏得的尊嚴。[5]

拉加爾德，一如尤利烏斯・朗本（Julius Langbehn）、阿圖・莫勒・凡登布魯克（Arthur Moeller van den Bruck）和其他十九世紀德國民族主義者，都將德意志人民視為外來勢力的受害者。拉加爾德對德國文化為何衰敗抱持陰謀論：猶太人是自由主義現代性的承載者、嵌入新現代德國的文化生活、帶來民主與社會主義的普世主義概念、侵害德意志人民的團結。要重建德意志的偉大，就必須將猶太人逐出他展望的新秩序。

從尼采、恩斯特・特羅爾奇（Ernst Troeltsch）到湯瑪斯・曼（Thomas Mann）等知識分子，讀了拉加爾德都深有同感，而他的著作日後將被納粹廣為傳布。[6]他說出人民從農村社會過渡到現代城市工業生活的焦慮，而對數百萬有此體驗的歐洲人來說，這樣的轉變讓身分認同的問題浮出檯面。就是在這樣的時刻，個人的事變成政治的事。諸如拉加爾德等意識形態思想家，給像漢斯這樣困惑的農民的答案很簡單：你是驕傲的德意志人，一個古老文化的繼承人，透過共通的語言和數百萬散居中、東歐的德意志人連結在一起。於是這位孤單、困惑的工人現在有了明確的尊嚴感，而且恍然明白，這樣的尊嚴並不被那些已用某種方式滲透他的社會的壞蛋尊重。

這種基於共同文化和共通語言的身分認同形式釋放了新的熱情，因為這些新文化群體是住在以朝代而非以文化連結為基礎的舊管轄區域，例如奧匈帝國。將四散各地的德意志人團結在單一「德意志帝國」下，遂成為往後三個世代，從俾斯麥到希特勒等領導人肩負的政治任務。其他民族——塞爾維亞人、波蘭人、匈牙利人、俄羅斯人——也試圖基於族群民族主義創立或合併國家，這將帶領歐洲步入二十世紀初期兩次毀滅性的世界大戰。

身分認同也在當時的殖民世界成為核心議題。歐洲列強支配下的亞洲、非洲和拉丁美洲地區並未像歐洲那般整體實行工業化，反之正經歷有時被稱為「無發展之現代化」（modernization without development）的過程——意即出現都市化、社會快速變遷，卻沒有持久的經濟成長。他們獲得新的首都級城市，有一小攝本地菁英與殖民強權合作治理他們的領土。這批菁英受過歐洲教育，說大都會語言（metropolitan language）。但他們在這些取得的身分和伴隨他們長大的地方傳統之間，感受到強烈的內在衝突。民族主義於歐洲散播之際，也在歐洲殖民地生根，進而引發二十世紀中期印度、越南、肯亞、阿爾及利亞等地，以民族解放為名的公然反叛。殖民世界的民族主義也促使知識分子努力改革文化。例如艾梅・塞澤爾（Aimé Césaire）、里昂・達瑪（Léon Damas）、利奧波德・桑戈爾（Léopold Senghor）等黑人作家就發展出「黑人精神」（Négritude）的概念，要黑人以自己的種族和傳統為傲，扭轉殖民政權對他們的貶抑。

艾尼斯特・葛爾納是重要的民族主義理論家，他指出，要理解現代伊斯蘭主義，就必須透過現代化和身分認同的類似稜鏡來觀察。民族主義和伊斯蘭主義皆根源於現代化。從社區轉變成社會的過程，也發生在同時代的中東：農民或游牧的貝都因人（bedouin）紛紛離開鄉間，前往開羅、安曼和阿爾吉斯等城市。另一方面，還有數百萬穆斯林為謀求更好的生活移民歐洲或其他西方國家，在馬賽、鹿特丹、布拉福等地落腳，在面對殊異文化的同時經歷現代化。此外，現代世界也透過半島電視台或CNN的衛星電視進入穆斯林的村落。住在傳統村子、選擇有限的人突然遭遇一個多元化的世界，那個世界的生活與他們截然不同，他們的傳統規範，在那個世界也不被尊重。

身分認同的問題，對於在西歐移民社區長大的年輕第二代穆斯林尤其尖銳。他們居住在大致世俗化而有基督根源、未公開支持其宗教價值觀與習俗的社會。他們的父母多半出身自緊密的村落社區，村裡提供在地化的伊斯蘭形式，例如蘇非（Sufi）的聖徒崇拜。如同許多移民的子女，他們亟欲擺脫家裡老派的生活方式，但他們又不易融入新的歐洲環境；年輕人的失業率竄升至三〇%，穆斯林尤甚，而在許多歐洲國家，一般認為種族仍是能否加入強勢文化社群的先決條件——我們會在後面幾章回到這個議題。

在這樣的情況下，對身分的困惑自然愈發強烈，就像十九世紀甫經歷都市化的歐洲人一樣。對現今某些穆斯林來說，這種困惑的解決之道向來不是建立一個國家，而是建立更大的宗教團體——「烏瑪」（*umma*），或信徒組成的社群，以埃及的穆斯林兄弟會、土耳其的正義與發展黨、突尼西亞的復興運動（Ennahda）為翹楚。一如古典派的民族主義者，當代的伊斯蘭主義者也分析過問題，並提供明確的解方：你是一個值得驕傲的古老社群的一分子；外面的世界不尊重你穆斯林的身分；我們提供方法讓你連結你真正的兄弟姊妹，你將成為一個偉大信徒社群的一員，而這個社群將拓展至世界各地。

這種以身分為傲的主張，或可解釋過去這一代在穆斯林世界發生的文化變遷。在那之前的漫長歲月，受過高等教育的中東人士流行採用西方習俗和服裝，這一代以來，許多埃及、土耳其、約旦和其他中東國家的年輕穆斯林女性又開始包「西賈布」（hijab），即頭巾；有些甚至穿戴起更具約束性的女性服裝，如遮蔽臉部的面紗，即尼卡布。這些女性之中，許多確實是虔誠的穆斯林，但也有一些沒那麼篤信宗教；包頭巾是身分認同的象徵，是以自己的文化為傲，不怕被公眾認出為穆斯林的標記。

諸如前述政黨等主流伊斯蘭主義政黨，向來願意參與民主政治，也贏過讓他們執政的選舉。儘管公開宣誓效忠於民主，但他們的世俗派敵手仍對其長期路線高度存疑。民族主義者也有類似情況，十九世紀如此，今天也是如此：他們固然常遵照民主規範而行事，但由於渴望團結與一致，也懷有潛在不自由的傾向。

一如民族主義的先例，也有意識形態倡導者提出較極端的政治化宗教形式，如奧薩瑪・賓拉登（Osama bin Laden）或阿布・貝克爾・巴格達迪（Abu Bakr al-Baghdadi）——伊斯蘭國的創建者。他們的敘事更集中於美國、以色列、敘利亞阿薩德政權或伊朗的加害；他們鼓吹更緊密的社群，而把社群凝聚在一起的，是眾人對暴力和直接政治行動的支持。

法國中東學者奧利維耶・羅伊（Olivier Roy）指出，許多近來的恐怖分子，例如二〇一五年在巴黎攻擊巴塔克蘭劇院的那幾位，都有類似的背景：他們是第二代的歐洲穆斯林，而不願接受他們父母信奉的伊斯蘭教。（新一代的聖戰士約有二五%是後來才皈依伊斯蘭，他們的個人故事與生為穆斯林的聖戰士類似。）[7]他們年輕時看似已經西化、喝酒抽大麻、把馬子、看運動，看似融入周遭環境。但很多人找不到固定的工作，開始偷點小東西、惹些小麻煩、跑給警察追。他們生活在本身社區的邊緣，對宗教不虔誠或根本沒興趣——直到忽然看了激進伊瑪目的影片而「重生」，或被獄中的傳教士改變為止。當他們蓄著大把鬍子、手持AK-47步槍在敘利亞現身，或針對歐洲同胞發動殘忍的攻擊，他們的家人總是對此轉變表示意外和不解。羅伊認為這不是伊斯蘭的激進化，而是激進主義的伊斯蘭化——引發這個過程的異化和驅動前幾代極端主義者的異化如出一轍，無論是拉加爾德等民族主義者或列夫・托洛斯基（Leon Trotsky）等共產主義者。[8]

羅伊表示聖戰士恐怖主義背後的動機較偏向個人和心理而非宗教，並反映出若干個人所面對的激烈身分認同問題。第二代歐洲穆斯林尤其卡在兩種文化之間，一種是他們爸媽所屬而他們排拒的文化；一種是收養他們，但未完全接納他們的國家的文化。反觀激進伊斯蘭卻提供他們社群、接納和尊嚴。羅伊主張，相較於全球超過十億穆斯林人口，成為恐怖分子或自殺炸彈客的穆斯林猶如滄海一粟。貧窮和剝削，或單純對美國外交政策的憤怒，未必會使民眾步向極端主義。許多恐怖分子是出身自安逸的中產階級，很多大半輩子不關心政治，對全球政治毫無興趣。這些議題，或任何種類的虔信所提供的動機，都遠遠比不上對明確的身分、意義和自豪感的需求。他們了解他們擁有一個不僅未獲承認，還遭到外面世界打壓的內在自我。[9]

奧利維耶・羅伊對當代聖戰主義的詮釋，以及淡化宗教面向的態度遭致猛烈批評，尤以同為法國伊斯蘭學者的吉爾・凱佩爾（Gilles Kepel）為甚。凱佩爾認為要理解這種轉趨暴力與極端的現象，不能排除在世界各地宣揚的宗教教義，特別是從沙烏地阿拉伯出口的極端保守的薩拉菲主義（Salafism，即伊斯蘭原教旨主義）。他指責羅伊和多數法國左派幫伊斯蘭「洗白」，假裝聖戰主義的問題與特定宗教沒什麼關係。也有其他學者指出許多恐怖分子並不符合羅伊提供的描述。[10]

羅伊—凱佩爾的辯論圍繞著一個關鍵問題：伊斯蘭極端主義在二十一世紀初的崛起，是否以身分認同問題來理解最為貼切？或者它基本上是名副其實的宗教現象？換句話說，它究竟是我們這個時代的社會學的副產品，是現代化及全球化引發的斷層，或者代表某種宗教不受時間影響的特徵，以及思想在驅動人類行為上獨立扮演的角色？我們必須先回答這個問題，才能找出實際的辦法來解決伊斯蘭極端主義的困擾。

但這兩種詮釋實非互斥，反倒可能相輔相成。羅伊正確地指出：世界絕大多數穆斯林人口不是激進分子，這暗示極端主義的解釋必須著眼於個案和社會環境。但凱佩爾這麼說也對：心懷不滿的年輕歐洲穆斯林不會成為無政府工團主義者（anarcho-syndicalist）或共產黨員，而是鼓吹特定伊斯蘭派別的聖戰士。另外，前幾代的激進年輕人不會試圖發動自殺式攻擊把自己炸死；是特定思想帶動這種風氣。

社會變遷和意識形態也是促使歐洲民族主義蔓延的因素。在德國及其他歐洲國家，迅速現代化引發的身分認同混亂，為民族主義扎下基礎。但希特勒和其國家民族社會主義德國工人黨所代表激烈、極端民族主義形式的崛起，不能只歸咎於此。其他如法國、英國、美國等國家也經歷過類似社會變遷；它們或許受到誘惑，但最終並未屈服於類似激進的民族主義信條。納粹運動能夠崛起，尚需要像希特勒這麼了不起的政治企業家兼思想家，以及德國在一九二〇及三〇年代經歷的嚴重經濟失調。

同樣的，在今天的中東，許多穆斯林對其身分感到困惑而轉向宗教尋求「我是誰？」的答案。這個轉向或許會採取無傷大雅的形式，例如包頭巾去上班或在海灘穿布基尼。但就某些人而言，這就比較暴力而危險，必須訴諸政治運動和恐怖主義了。穆斯林的身分認同在二十一世紀初出現極端主義的形式，而一如二十世紀初蔓延的民族主義信條，這種形式無法與國際和平並存。

因此，民族主義和伊斯蘭主義都可視為一種身分認同政治。這種說法並未充分反映兩種現象的複雜性或特異性，但這兩種現象確實有幾處重要的雷同。兩者都是在社會從傳統、孤立的農業社會轉型為現代社會，連結更廣大、多元的世界時，出現於世界舞台。兩者都提供意識形態來解釋人為什麼感到孤寂和困惑，兩者都傳播受害論，將個人的不快樂歸咎於外面的群體。兩者也都要求限定性地承認尊嚴——不是承認所有人類的尊嚴，而是承認特定民族或宗教群體成員的尊嚴。

注釋

1 Johann Gottfried von Herder, *Reflections on the Philosophy of the History of Mankind* (Chicago: University of Chicago Press, 1968).

2 Ibid., 31.

3 赫德不是他那個年代的絕對君主制的死忠支持者，也不認為君主制比北美或非洲的無國家社會更有助於讓人類快樂。請參閱赫德，《赫德論社會及政治文化》(*J. G. Herder on Social and Political Culture*)，頁三一八—三一九。

4 Ernest Gellner, *Nations and Nationalism* (Ithaca, NY: Cornell University Press, 1983), 33, 35.

5 Fritz Stern, *The Politics of Cultural Despair: A Study in the Rise of German Ideology* (Berkeley: University of California Press, 1974), 19-20.

6 Ibid., 35-94 passim.

7 Olivier Roy, "France's Oedipal Islamist Complex," *Foreign Policy*, January 7, 2016; Olivier Roy, "Who Are the New Jihadis?," *Guardian*, April 13, 2017.

8 Richard Barrett, *Foreign Fighters in Syria* (New York: Soufan Group, 2014).

9 請參閱歐梅爾・塔斯皮納（Omer Taspinar），〈伊斯蘭國的徵募與人生挫敗者〉（ISIS Recruitment and the Frustrated Achiever），《哈芬登郵報》（*Huffington Post*），二〇一五年三月二十五日。

10 Gilles Kepel, *Terror in France*: *The Rise of Jihad in the West* (Princeton, NJ: Princeton University Press, 2017); Robert F. Worth, "The Professor and the Jihadi," *New York Times*, April 5, 2017; Robert Zaretsky, "Radicalized Islam, or Islamicized Radicalism?," *Chronicle of Higher Education* 62 (37) (2016).

第八章

地址有誤

全球政治在二十一世紀第二個十年最引人注目的特徵之一是，形塑全球政治的新勢力是民族主義或宗教的政黨和政治人物，而非以階級為基礎，叱吒二十世紀政壇的左派政黨。

民族主義最初或許是由工業化和現代化點燃，但它從未於世界消失，包括那些工業發展好幾代的國家。一大票新的民粹民族主義領導人經由選舉取得民主正統性，他們強調符合「人民」利益的國家主權與國家傳統。這樣的領導人包括俄羅斯的普丁、土耳其的艾爾段、匈牙利的奧班、波蘭的卡欽斯基，以及壓軸的美國總統川普——他的競選口號是「讓美國再次偉大」和「美國優先」。英國脫離歐盟的運動沒有明確的領導人，但這裡的基本推動力也是重申國家主權。民粹政黨也在法國、荷蘭和北歐諸國虎視眈眈。但發表民族主義論調的不限這些領導人。印度總理納倫德拉・莫迪（Narendra Modi）和日本首相安倍晉三也認同民族主義理念；中國國家主席習近平則強調中國特色的社會主義。

在此同時，宗教也成為日益高漲的政治現象。這在阿拉伯中東地區最為顯著，二〇一一年的阿拉伯之春被穆斯林兄弟會等伊斯蘭主義團體和伊斯蘭國等更激進的恐怖組織拉出軌道。雖然後者在敘利亞及伊拉克的軍事已近潰敗，伊斯蘭主義運動仍持續在孟加拉、泰國和菲律賓等國家傳播。在印度尼西亞，受愛戴的雅加達首長鍾萬學（基督徒）被日益壯大的伊斯蘭主義團體抨擊褻瀆《可蘭經》，最後在以些微差距連任失敗後入獄。但伊斯蘭不是唯一被政治化的宗教。莫迪總理的印度人民黨（Bharatiya Janata Party）明確以印度教理解印度國族認同的方式為基礎。激進的政治佛教形式正在斯里蘭卡和緬甸等南亞及東南亞國家擴張，與穆斯林和印度教團體發生衝突。在日本、波蘭和美國等民主國家，也有宗教團體加入保守派聯盟。在以色列，建國數十年來由兩大歐式意識形態政黨工黨（Labor）和聯合黨（Likud）主宰的政治秩序，開始有愈來愈多選票投給諸如沙斯黨（Shas）或以色列後裔（Agudath Israel）等宗教政黨。

反觀昔日以階級為基礎的左派，則在世界各地陷入長期衰退。共產主義雖然仍掌握北韓和古巴兩國，但大抵在一九八九到九一年崩潰了。社會民主，在二次大戰後形塑西歐政治六十年的主要力量之一，也已節節敗退。一九九八年囊括四成選票的德國社會民主黨（German Social Democrats），到二〇一六年只拿到略高於兩成，法國社會黨（French Socialist Party）則在二〇一七年幾乎消失不見。總的來看，從一九九三年到二〇一七年，中間偏左政黨的得票率在北歐、南歐及中歐分別從三〇%、三六%和二五%掉到二四%、二一%和一八%。他們在政壇仍有分量，但衰弱的趨勢相當明顯。[1]

歐洲各地的左翼政黨都在一九九〇年代往中間靠攏，接受市場經濟的邏輯，而其中許多和其中間偏右的盟友已難以區分。中東在冷戰期間一直有共產主義和其他左派團體；一個自稱共產的政權甚至在南葉門執政過。但此後，他們已完全邊緣化，被伊斯蘭主義政黨拋到後面去了。一九九〇到二〇〇〇年代，左翼民粹派在拉丁美洲部分地區的能見度相當高，烏戈・查維茲（Hugo Chávez）、路易斯・伊納西奧・魯拉・達席爾瓦（Luiz Inácio Lula da Silva）和基西納（Kirchner）家族分別在委內瑞拉、巴西和阿根廷崛起。但這股浪潮已經退去，委內瑞拉更在查維茲接班人尼古拉斯・馬杜洛（Nicolás Maduro）執政下引火自焚。傑瑞米・柯賓（Jeremy Corbyn）和伯尼・桑德斯（Bernie Sanders）在英、美的傑出表現或許是左翼復甦的前兆，但不論在何地，左派政黨都不是二十世紀晚期那股舉足輕重的勢力了。

從許多方面來看，考慮到全球不平等在過去三十年變本加厲，左派在全球不進反退是令人意外的結果。我所謂的全球不平等指的是個別國家內的不平等，而非國與國間不平等加劇。隨著東亞、拉丁美洲和撒哈拉以南非洲的經濟陸續出現高成長，富國和窮國間的差距已經縮小。但誠如經濟學家湯瑪斯・皮凱提（Thomas Piketty）指出，世界各國國內的不平等自一九八〇年代大幅攀升；與經濟學家西蒙・庫茲涅茨（Simon Kuznets）長期為世人接受的理論相反，富國的所得向來是發散而非收斂的。[2] 世界沒有哪個地方沒見到新的寡頭統治階級興起——在政治上運用財富來鞏固家族利益的超級富豪。[3]

經濟學家布蘭柯・米蘭諾維奇（Branko Milanović）設計出廣為引用的「大象曲線」（elephant graph），顯示全球所得分布不同區段的人均所得增長。拜生產力提升和全球化之賜，世界從一九八八年到二〇〇八年變得富裕許多，但這些增長並未平均分配。位於第二十到七十百分位數的民眾所得大幅增加，第九十五百分位數甚至增加得更多。但位在第八十百分位數左右的人口卻面臨停滯或只有微幅增加。這個群組大致相當於已發展國家的勞動階級——即教育程度在高中以下的民眾。雖然他們的境遇仍比下面的民眾好上不少，與所得分布最高一〇%的差距卻更為懸殊。換句話說，他們的相對地位直線下滑。

在已發展世界中，英、美兩國的不平等最為顯著。這兩個國家曾於一九八〇年代在柴契爾和雷根主政時領導「新自由主義」支持自由市場的革命。在美國，一九八〇和一九九〇年代的強勁經濟成長並未平均分配，而是壓倒性地歸於高學歷者。自認是中產階級核心的舊美國勞動階級節節敗退。根據國際貨幣基金（International Monetary Fund）一項研究，二〇〇〇年到二〇一四年，賺得中位數所得五〇％到一五〇％的個人，從總人口的五八％掉到四七％，形成中產階級的中空化。其中只有〇．二五％爬升到更高的所得層級，反觀有驚人的三．二五％跌落所得階梯。[4]二〇〇八年的金融危機更使不平等急遽惡化，金融業的陰謀和政策選擇創造了資產泡沫，泡沫一破，便摧毀了數百萬平凡美國百姓，和全球無數民眾的工作和積蓄。

在這種情況下，一般預期會見到民粹左派在這些經歷最大不平等的國家東山再起。自法國大革命以來，左派就自我界定為經濟平等的政黨，願意運用公權力進行財富重分配。但在全球金融危機後，卻發生截然相反的情況：右翼民粹民族主義勢力，在已發展世界的諸多地區日益高漲。在去工業化蹂躪舊勞動階級的英美兩國尤其如此。在美國，金融危機引發左翼的占領華爾街運動（Occupy Wall Street）和右翼的茶黨運動（Tea Party）。前者遊行示威，虎頭蛇尾，後者則成

表1

1988-2008年全球所得級別實質人均所得的相對增長[5]

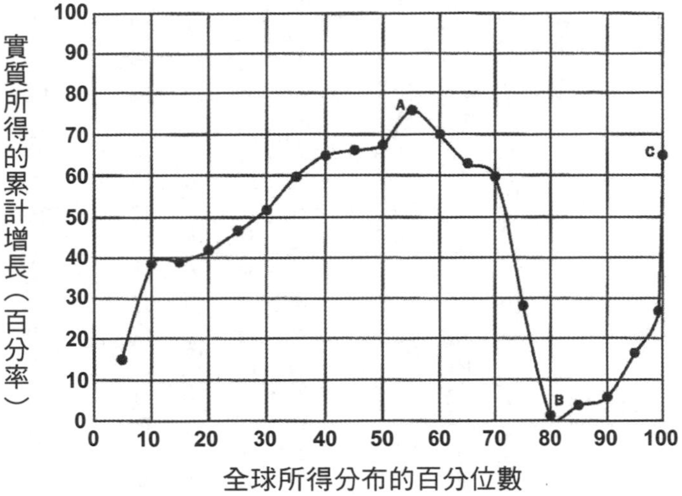

功掌握共和黨和國會多數。二〇一六年，選民未支持最左翼的民粹型候選人，反而選擇民族主義的政客。

我們要如何解釋左派未能利用全球不平等惡化的情勢再起，反倒是民族主義右派日益壯大取而代之的事實？這不是新的現象：左派政黨已經連連敗給民族主義者一百多年了，特別是在照說該是他們最堅實支持基礎的貧窮或勞動階級選民之間。歐洲勞動階級並未團結在一九一四年的社會黨國際（Socialist International）之下，反而在一次世界大戰爆發後站在其國民政府那邊。這次失敗讓馬克思主義者多年來百思不得其解；套用艾尼斯特・葛爾納的話，他們告訴自己：

> 如同極端什葉派穆斯林認定加百列（Archangel Gabriel）犯了錯，把原本打算傳給阿里的天主信息誤傳給穆罕默德，馬克思主義者基本上喜歡這麼想：歷史的精神或人類的意識犯了非常愚蠢的錯誤。覺醒的訊息原本是要給**階級**的，卻因為郵政出了嚴重的差錯，投遞給了**民族**。[6]

同樣地，在當代的中東，一封寫給階級的信，已投入宗教的信箱。郵政之所以發生投遞錯誤，是因為經濟動機與人類行為中的身分認同議題糾纏不清。貧窮讓你像個隱形人被其他人類同胞忽視，而被忽視的屈辱，往往比缺乏資源更難受。

注釋

1 Sheri Berman, "The Lost Left," *Journal of Democracy* 27 (4) (2016): 69-76. See also "Rose Thou Art Sick," *Economist*, April 2, 2016.

2 Thomas Piketty, *Capital in the Twenty-First Century* (Cambridge, MA: Belknap Press, 2014), 20-25, 170-87.

3「二十億富翁」的人數，即財產換算成二〇一三年美元超過二十億的個人，從一九八七到二〇一三年增加了五倍；他們的財富合計比非洲的總財富還多，《全球不平等》：頁四一－四五。

4 Alichi, Kantenga, and Sole, "Income Polarization," 5.

5 Ibid., 11.

6 Gellner, *Nations and Nationalism*, 124.

第九章

隱形人

經濟學家認為人類是由他們所謂的「喜好」或「功利」，即對物質資源或商品的欲望驅動。但他們忘了激情，靈魂中渴望獲得他人認同的部分，無論是平等的激情（被承認與他人享有同等的尊嚴），或凌駕他人的激情（被承認為高人一等）。許多以往我們視為受物質需求或欲望驅使的經濟動機，其實是一種激情的欲望：期盼自己的尊嚴或地位獲得承認。

且以同工同酬這個數十年來深植女權運動核心的議題為例。儘管過去五十年來女性在勞動力上大有斬獲，但阻止女性進入最高領導階層（或近年來進入一流矽谷科技公司）的玻璃天花板問題仍備受關注。現代女性主義的議程大多不是由希望當消防員或陸戰隊員的女性設定，而是由受過高等教育、具有專業而希望爬得更接近社會階級頂層的女性設定。

在這個群體，驅動同工同酬要求的真正動機是什麼？不是任何傳統觀點中的經濟因素。當不了合夥人的女律師，或當上副總裁但薪水比男性副總裁少一〇%的女律師，怎麼也稱不上被經濟剝削：她可能位居全國所得分布的頂端，沒有經濟被剝奪的問題。就算她和同級男律師都獲得目前兩倍的薪水，問題依然存在。

女性在這種情境下感受到的氣憤，沒那麼針對資源，而是針對正義：公司付給她多少酬勞之所以重要，不是因為那提供她所需的資源，而是因為薪水是尊嚴的指標，而公司正在告訴她，雖然她的條件和貢獻不亞於甚至超越男性，價值卻不如男性。薪水與**認同**息息相關。如果給她同樣的薪水，卻告訴她只因她是女性，她永遠拿不到夢寐以求的頭銜，她同樣會忿忿不平。

經濟利益與認同之間的連結，經由現代政治經濟學創始人亞當・斯密的《道德情操論》（*The Theory of Moral Sentiments*），已廣為世人理解。就算身在十八世紀末的英國，他仍觀察到窮人其實能維持基本生活所需，並非因嚴重的物質剝奪而受苦。他們是基於不同的理由追求財富：

> 我們真正想追求或從中汲取的好處是引人矚目、受人關注，贏得同情、滿足及讚許。
>
> 吸引我們的是虛榮，不是輕鬆或愉悅。而虛榮總是建立在這種認知：我們是萬眾矚目或讚許的對象。
>
> 富人以其富裕為榮，因為他覺得財富自然能替他引來世人的關注，覺得他優越的境遇如此輕易帶給他的愉悅，能得到世人的贊同……反觀窮人則以其

貧窮為恥。他覺得貧窮會讓他置身人類的視線之外，或者，就算人們注意到他，也不會對他的窮愁潦倒懷抱絲毫同情。[1]

富人「以其富裕為榮」。如果你想想全球億萬富豪階級，問：每天早上是什麼促使他們下床？答案不可能是他們覺得缺乏某項必需品，如果往後幾個月沒辦法再賺一億就買不起了。一個人只可能有那麼多房子、船隻和飛機，再多就會算錯了。他們想要的是其他東西：收藏最多法蘭西斯・培根（Francis Bacon）的畫作，或駕駛贏得美國盃的遊艇，或創立世界最大的慈善基金會。他們追求的不是某種絕對的財富等級，而是相對於其他富翁的身分地位。

在美國、德國、瑞典等富裕國家的貧窮也有類似情況。如同保守派不厭其煩指出的，在美國生活於貧窮線（poverty line）以下的人，其實享有頗可觀的物質財富，遠高於撒哈拉以南非洲的窮人：他們有電視，有汽車，還有飛人喬丹籃球鞋；他們大多沒有營養不良，而是受肥胖所苦，因為吃太多垃圾食物了。

美國當然不乏物質剝奪的事實——缺乏接受良好教育或醫療的機會。但貧窮的痛苦更常被感受為失去尊嚴：如亞當・斯密指出，窮人的處境「讓他置身人類的視線之外」，使人們對他絲毫不抱同情。這是拉爾夫・艾里森（Ralph Ellison）經典小說《隱形人》（*Invisible Man*，或譯《看不見的人》）的基本洞見。書中描述一名黑人從美國南部搬到紐約市的哈林區。美國北部種族主義真正有傷尊嚴的情況是，白人眼中完全沒有非裔美國人存在，不見得會虐待他們，而是完全不把他們當人類同胞看待。不妨這樣想：你捐錢給某個無家可歸的人，卻不正眼看對方；你在減輕物質匱乏，卻不承認乞者和你有同樣的人性。

所得和尊嚴的關聯也暗示為什麼用最低所得保障之類的制度來解決自動化造成的失業，是買不到社會和平，也不會讓人民開心的。擁有工作不僅表示擁有資源，也表示社會其他人承認你在做有社會價值的事情。無功而受祿是讓人驕傲不起來的。

經濟學家羅伯・法蘭克提到財富與地位的關聯，指出人們渴望後者通常不是嚮往其絕對價值，而是相對價值。他稱此為「地位財」（position good）：我想要那部特斯拉（Tesla）不是因為我有多關心地球暖化，而是因為它時髦又昂貴，而且我的鄰居還在開ＢＭＷ。人類的幸福感與我們相對地位的連結往往比絕對地位來得強。法蘭克指出，根據調查，所得較高的人，快樂的程度也較高。或許有人以為這和所得的絕對水準有關，但**相對**地位較高的人也表現出較高的快樂程度，與其絕對財富無關：高所得的奈及利亞人和高所得的德國人一樣快樂，雖然兩者在經濟上有不小的落差。我們不會拿自己和全球的某種絕對財富標準相比，我們比較的，是平常打交道的在地群體。[2]

許多來自自然科學的證據顯示，對地位的渴望——凌駕他人的激情——是人類的生物本能。經廣泛觀察，在地方階序取得統治或「帶頭大哥」地位的靈長類，神經傳遞物質血清素的濃度較高。血清素和人類的幸福和愉悅感有關；那就是為什麼百憂解（Prozac）和樂復得（Zoloft）等選擇性血清素再回收抑制劑（selective serotonin reuptake inhibitor）被廣為應用來治療憂鬱和低自信。[3]

更深入的心理事實顯示，當代政治的某些事物，和地位的關係比資源更密切。實驗行為經濟學（experimental behavioral economics）的明確發現之一是，人們對於「失去」，比「獲得」敏感得多。也就是說，人們可能會花更多心力避免損失一百美元，勝過多賺一百美元。[4]這或可解釋山繆．杭亭頓提出的一個歷史現象，也就是政治上最動盪不穩的團體不是絕望的貧民，而是覺得自身地位就要被其他群體比下去的中產階級。他引用亞歷西斯．德．托克維爾（Alexis de

Tocqueville）的話指出，引發法國大革命的不是貧困的農民，而是正在崛起，卻突然在革命前十年間發現本身經濟和政治前景黯淡無光的中產階級。窮人通常缺乏政治組織，且每天都要為生存奮鬥。反觀自認為中產階級的人有較多時間從事政治活動，受過較好的教育，也較容易動員。更重要的是，他們覺得既然自己擁有這樣的經濟地位，就該得到尊重：他們努力從事對社會有益的工作，他們撫養家庭，他們履行納稅等社會責任。他們知道自己不在經濟階級的頂端，但也以既不貧窮又不仰賴政府幫助就能生存為傲。*中產階級的民眾不覺得自己活在社會的邊緣；他們普遍認為自己構築了民族認同的核心。

喪失中產階級的地位或許就是當代政治嚴重極化的成因之一。泰國即為一例。泰國已被「黃衫軍」和「紅衫軍」之間的激烈極化撕裂，前者多為上層階級，擁護王室和軍方，後者則是塔克辛（Thaksin Shinawatra）領導的泰愛泰黨（Thai Rak Thai）的支持者。這場衝突在二〇一〇年幾乎癱瘓曼谷、導致

---

* 在美國，民眾對「中產階級」一詞的觀念混淆不清，因為大部分的美國人都喜歡自詡為中產階級，就算他們是富裕的菁英，或在歐洲會被歸類為勞動階級甚至貧民的人。與政治關係最密切的群組是在全國所得分布五個區段中占第三、第四區段的群組，他們也最容易停滯不前或向下流動。

黃衫軍支持的軍方政變，有人視為意識形態之爭——主要是塔克辛和妹妹盈拉（Yingluck，二〇一一年到二〇一四年任泰國總理）為泰國農村人口實行的重分配計畫——也有人視為反貪腐之戰。但費德里柯・費拉拉（Federico Ferrara）認為，視為認同之爭更恰當。傳統泰國社會向來按照被感知的「泰國性」（Thai-ness），即民眾在地理位置和民族語言上與曼谷菁英的距離。數十年的經濟成長培養出許多塔克辛的選民，他們開始主張他們的地方身分認同，此舉觸怒了曼谷菁英。以往最投入政治的通常是泰國中產階級，而這便說明了明顯的經濟衝突何以變成一場激情驅動的零和遊戲。[5]

中產階級感覺本身地位受到威脅，或許就是二十一世紀第二個十年，民粹民族主義在世界許多地區蓬勃發展的主因。

在美國，勞動階級——定義為高中教育程度以下民眾——過去一代的境況不佳。這不僅反映在前一章提到的所得停滯或衰退與失業上，也反映在社會崩解上。對於在二次大戰後「北漂」芝加哥、紐約、底特律等城市，大多受雇於肉品加工、鋼鐵或汽車工業的非裔美國人而言，事情從一九七〇年代開始變化。隨著這些產業衰退，人們開始在去工業化的過程失去工作，一連串社會弊病接踵而至，包括犯罪率上升、快克古柯鹼大流行和家庭生活退化——促使貧窮從這一代轉移到下一代。[6]

過去十年，這種社會衰頹擴散到白人勞動階級，位居政治光譜兩端的兩位社會科學家，查爾斯・莫瑞（Charles Murray）和羅伯特・普特南（Robert Putnam）都做了紀錄。[7]農業及勞動社群出現鴉片類藥物氾濫，二〇一六年因藥物過量造成六萬多人死亡，比每年死於交通事故的美國人還多。白人的平均壽命隨之下滑，這對已發展國家而言是引人側目之事。[8]在單親家庭成長的兒童人數已大幅增加；白人勞動階級兒童的單親家庭比率現為三五・六%。[9]

但將川普送入白宮（以及使英國脫離歐盟）的新民族主義，最大的驅動力之一或許是隱形的感覺。最近兩項分別由凱瑟琳・克拉默（Katherine Cramer）和亞莉・霍奇查爾德（Arlie Hochschild）針對威斯康辛州和路易斯安那州保守選民所做的研究，不約而同指向類似的憤慨。在威斯康辛州支持共和黨州長史考特・沃克（Scott Walker），以農村占多數的選民解釋，首府麥迪遜和州外大城市的菁英，若非不了解他們，就是不理會他們的問題。據一位和克拉默對話的民眾表示，華府「自成一國……他們完全不知道國家其他地方在幹什麼，他們是那麼沉迷於研究自己的肚臍」。[10]無獨有偶，農村路易斯安那州一位茶黨的選民評論道：「許多自由派的評論員都瞧不起像我這樣的人。我們不能說N開頭的字。我們也不想，那會貶低人格。那麼，為什麼自由派的評論員可以那麼大方地用R開頭的字（redneck）呢？」[11]

忿忿不平、害怕失去中產階級地位的民眾往上指責菁英分子對他們視而不見，也往下怪罪窮人，他們覺得窮人不配得到卻得到了不公平的偏袒。克拉默指出：「對同胞的怨恨最為重要。人們認為自己淪落到這種境況是有過失和不夠格的人害的，不是廣大的社會、經濟和政治力量造成。」[12]霍奇查爾德打了個比方：一群平凡百姓耐心地在大排長龍的隊伍中等待穿越一扇標著「美國夢」的門，卻看到其他人——非裔美國人、女性、移民——在那些忽視他們的菁英的協助下，突然插到他們前面。「你是你自己土地上的陌生人。你認不出別人眼中的自己。你很難覺得被看見，被尊重。而要覺得被尊重，你必須覺得自己在前進——也覺得別人看到你在前進。但因為別人的錯，你卻莫名其妙愈排愈後面。」[13]

經濟困頓往往不會被個人理解為資源剝奪，而是身分喪失。辛苦的工作該賦予個人尊嚴，但那份尊嚴卻未獲得承認，甚至遭到譴責，而其他不願遵守遊戲規則的人卻被給予不正當的優勢。所得和地位之間的關聯有助於解釋何以對許多人來說，民族主義或宗教保守團體的吸引力大於以經濟階級為基礎的傳統左翼團體。民族主義會將失去相對經濟位置翻譯成失去身分和地位：你一直是我們偉大國家的中流砥柱，但外國人、移民和你那些菁英同胞串通起來壓制你；你的國家不再是你的國家；你在自己的土地上不受尊重。宗教擁護者的說法可能如出一轍：你是偉大信徒社群的一分子，但遭到非信徒背叛；那樣的背叛不只害你窮困，更是一種違反上帝的罪。你的同胞或許看不到你，但上帝不會對你視而不見。

這就是為什麼移民會在世界許多國家變成如此傷腦筋的議題。移民對一國的經濟可能有幫助，也可能沒有；一如貿易，它通常對整體有益，而無法造福社會裡所有族群。但移民向來被視為文化認同的威脅，特別是越過邊界的人潮像最近數十年那麼洶湧的時候。當經濟衰退被詮釋為失去社會地位，便很容易了解移民何以成為經濟變遷的代名詞。

但要解釋近年來民族主義右派何以在歐美擄獲先前投給左派政黨的選民，這還不是能完全令人滿意的答案。畢竟，對於技術變革和全球化造成的經濟失調，左派向來有更實際的答案，也就是更廣大的社會安全網。此外，以往的進步派向來能吸引群體認同——建立在共有的剝削經驗和對富裕資本家的怨恨上：「世界的勞工們，團結起來！」、「反抗權威！」。在美國，勞動階級的選民從一九三○年代的新政（New Deal）開始壓倒性地支持民主黨，直到雷根嶄露頭角；歐洲的社會民主則建立在工會主義和勞動階級團結的基礎上。

當代左派的問題在於它逐漸選擇讚頌的身分認同類型。它不再圍繞勞動階級或經濟受剝削者等龐大群體建立團結，改而聚焦在以特定方式被邊緣化的小型團體。這也是「現代自由主義的命運」這個長篇故事的一部分，在這個故事中，普世與平等的承認原則，已蛻變為專屬於特定族群的認同了。

注釋

1 Adam Smith, *The Theory of Moral Sentiments* (Indianapolis: Liberty Classics, 1982), 50-51.

2 Frank, *Choosing the Right Pond*, 26-30.

3 Ibid., 21-26. See also Francis Fukuyama, *Our Posthuman Future: Consequences of the Biotechnology Revolution* (New York: Farrar, Straus and Giroux, 2001), 41-56.

4 Kahneman, *Thinking, Fast and Slow*, 283-85.

5 Federico Ferrara, "The Psychology of Thailand's Domestic Political Conflict: Democracy, Social Identity, and the 'Struggle for Recognition'" (manuscript presented at the international workshop "Coup, King, Crisis: Thailand's Political Troubles and the Royal Succession," Shorenstein Asia-Pacific Research Center, Stanford University, January 24-25, 2017).

6 See inter alia William Julius Wilson, *The Truly Disadvantaged: The Inner City, the Underclass, and Public Policy* (Chicago: University of Chicago Press, 1988).

7 Charles Murray, *Coming Apart: The State of White America*, 1960-2010 (New York: Crown Forum, 2010); Robert D. Putnam, *Our Kids: The American Dream in Crisis* (New York: Simon and Schuster, 2015).

8 Anne Case and Angus Deaton, "Rising Morbidity and Mortality in Midlife Among White Non-Hispanics in the Twenty-First Century," *Proceedings of the National Academy of Sciences* 112 (49) (December 8, 2015); "Mortality and Morbidity in the Twenty-First Century," *Brookings Papers on Economic Activity*, March 23-24, 2017.

9 U.S. Census Bureau, *Current Population Survey* online data tool.

10 Katherine J. Cramer, *The Politics of Resentment: Rural Consciousness and the Rise of Scott Walker* (Chicago: University of Chicago Press, 2016), 61.

11 Arlie Russell Hochschild, *Strangers in Their Own Land: Anger and Mourning on the American Right*

(New York: New Press, 2016), 127.

12 Cramer, *Politics of Resentment*, 9.

13 Hochschild, *Strangers in Their Own Land*, 143.

第十章

尊嚴的民主化

如前文所述，對尊嚴的理解在十九世紀來到雙岔路口，一條通往自由派的個人主義，最終被嵌入現代自由民主政體的政治權利之中，另一條則通往可為民族或宗教定義的集體認同。初步看過集體版的身分認同，現在我們將回到個人主義版——也就是在北美和歐洲現代自由民主國家出現的身分認同。

在歐美各國，隨著政治制度賦予愈來愈廣的個人圈子愈來愈多權利，尊嚴已經被民主化。在一七八八年美國憲法正式簽署之際，唯獨有財產的白人男性擁有完整的政治權利；權利擁有者的圈子逐漸擴張，先後納入沒有財產的白人男性、非裔美國人、原住民和女性。這樣看來，自由個人主義是循序漸進地實現其更趨民主的承諾。但在此同時，它也往集體的方向演變，使兩條岔路最後竟出人意料地會合。

當我們在柏拉圖的《理想國》首次邂逅激情，以及承認尊嚴的渴望時，那還不是全人類共有的東西，而是衛士或勇士階級的專屬領域——那些個人因為願意冒生命危險從事捍衛更大群體的激烈戰鬥，而該得到肯定。就我們所理解，尊嚴會在基督傳統中普遍化是因為所有人類都被認為具有道德選擇的能力，新教思想相信這種能力深植於每一個體的內心。接下來，這種普遍尊嚴的概念被康德世俗化，成為理性的道德規範。對此，盧梭又補充這種構想：內在的道德自我不僅能做二元的道德選擇，也充塞豐沛的情感和個人經驗，只是被周遭社會壓抑了；於是，運用那些情感，不再任它們受到壓抑，遂成為道德上必須履行的責任。現今，尊嚴的重點在於恢復真實的自我，以及促使社會承認每一名成員的潛力。自由社會逐漸不僅被理解為一種保障少數個人權利的政治秩序，也是積極鼓勵人們徹底實現內在自我的政治秩序。

在基督傳統中，內在自我是原罪的源頭，但也是據以克服原罪的道德選擇的發生地。尊嚴取決於個別信徒內在邪惡渴望為代價，遵守一大堆道德規範的能力——關於性、關於家人、關於和鄰居及統治者的關係。隨著西方國家共同宗教建立的共有道德視域遭到侵蝕，尊嚴愈來愈不可能僅授予遵守基督道德規範的人。宗教開始被視為盲目崇拜或虛妄的意識，因此承認應給予富於表現，甚至有時想逾越宗教規範的內在自我。

這些概念在二十世紀美國文化中展現的方式，可由「加州提升自尊、個人責任與社會責任特別小組」（California Task Force to Promote Self-Esteem and Personal and Social Responsibility）的工作闡明。該小組曾於一九九〇年發布《邁向有自尊的國家》（*Toward a State of Self-Esteem*）報告，是州議員約翰．瓦斯康切羅斯（John Vasconcellos）的心血結晶，他深受自一九六〇年代開始於加州灣區蓬勃發展的人類潛能運動影響。[1]這場運動是以心理學家亞伯拉罕．馬斯洛（Abraham Maslow）的構想為基礎，也就是以「需求層次」理論享負盛名的那位。需求層次的底層是飲食之類的基本生理需求，中間是安全、穩定之類的社會性需求，上層則是馬斯洛所稱的「自我實現」。他主張，多數人未能發揮本身大部分的潛力；自尊對於自我實現至關重要，因為如果本身的能力被低估，個人就會受到壓抑。這個構想與現代身分認同的概念不謀而合：個人的自我實現是比更廣大社會的要求與規定更高的需求。[2]

該特別小組將自尊定義如下：

> 以人類的身分活著有個重要的內在意義，《獨立宣言》的作者在聲明造物者賦予每一個人「若干不可剝奪的權利」時，就是指這個意義。這個關於人人都有尊嚴的信念，長久以來都是我國道德和宗教傳統的一部分。每個人都有獨一無二的重要性，純粹是因為身為人類，人人都被賦予珍貴、神祕的天

賦。這是與生俱來的價值，沒有任何敵人或逆境可以奪走。[3]

那份報告指出：「欣賞我自己的價值和重要性，並非取決於我的能力的質或量，與他人比起來如何。天生我材必有用。我們每一個人對社會都有貢獻。」它詳盡闡述：「重點不是要變得可被接受或有價值，而是要認清價值已經存在。我們的情感是其中一部分，而接受情感就能打造自尊……我們每一個人都可以讚頌自己特別的種族、族群和文化。我們可以欣賞自己的身體、性別和性傾向。我們可以接受自己的構想、感覺和創造力。」[4]

在這寥寥幾頁中，我們可以看到長長一串可溯至盧梭的概念：我們人人都有深埋的內在自我；內在自我獨一無二，是創造力的泉源；存在於每一個體的內在自我，都有與他人同等的價值；內在自我無法透過理性，只能透過情感來表達；最後，這樣的內在自我是人性尊嚴的基礎，而人性尊嚴已獲得《獨立宣言》等政治文件的承認。簡單地說，那份報告就是後盧梭時代身分認同概念的明述。

不過，加州特別小組的報告具體呈現了一個巨大的內部矛盾，進而反映出平等的激情與凌駕他人的激情之間根深柢固的緊張。那主張人人都有富創意與能力的內在自我。那努力不做評斷、不帶偏見，提醒我們不該和別人相比，或允許自己被用別人的標準評斷。然而，報告的作者馬上遇到這個問題：我們讚頌的內在自我可能是殘酷、暴力、自戀、不誠實的。或者單純是懶惰、膚淺的。申明普遍自尊的必要後，那份報告隨即說明自尊也必須涵蓋「社會責任」和「尊重他人」，指出犯罪就是欠缺尊重的直接後果。它讚頌「完整的人格」；作為自尊的要件，那包含諸如「誠實、同情、紀律、勤勉、尊敬、堅忍、忠誠、寬恕、慈愛、勇敢、感恩和優雅」等美德。但並非每一個人都這般正直善良，這意味有些人比其他人更值得尊重。我們絕對不會像尊敬一位正派公民那樣尊敬一位強暴犯或殺人犯。

自尊取決於個人能否遵守某些重要社會規範——是否擁有美德——的觀念，是對人性尊嚴較傳統的理解方式。但既然並非人人良善正直，這種理解尊重的方式便牴觸了那份報告意欲申明人人都具有內在價值的初衷。這就是平等的激情與凌駕他人的激情之間與生俱來的緊張。凌駕他人的激情不僅反映企圖心的虛榮；那也構成正直善良與否的公正賞罰。有些人就是需要被評判為不如他人。事實上，如果人不會因為對他人做了不好的事而感到羞愧——即低度自尊——我們就很難看出人要怎麼願意接受對他人的責任。然而，這份報告隨即在後續兩個要點建議全國教育體系「以解放而非馴化為宗旨」，但同時也要「培養負責任的人格和價值觀」。你幾乎可以聽到特別小組的自由派成員提倡更大的包容性，較保守的成員擔心此舉對社會秩序的影響，自由派成員接著回應：「如果我們要提高自尊，就不能妄加評斷。」

加州特別小組這份報告在當時備受奚落，成為《杜尼斯伯里》（*Doonesbury*）連環漫畫一連數個月的標靶。要在無法界定什麼值得尊敬、無法區分行為好壞的情況下提高每個人的自尊，在許多人看來像天方夜譚。但往後幾年，這個理念卻有了自己的生命，成為許多社會機構如非營利組織、學校、大學，甚至國家本身的目標。身分認同政治會如此深嵌於美國和其他自由民主國家，原因之一就是民眾愈來愈在意自尊，以及所謂「治療的勝利」（the triumph of the therapeutic）。

「治療的勝利」指的是一九六六年社會學家菲利浦・瑞夫（Philip Rieff）寫的一本書，他主張，在宗教界定的共同道德視域式微後所留下的巨大真空，正由心理學家鼓吹一種新的宗教來填補：心理治療。瑞夫表示，傳統文化「是一種動機設計的別稱，那指引自我向外探求，探求自我可在當中獲得實現與滿足的共同目的」。由此它扮演了治療的角色，賦予個人目的，讓個人與他人相連，並告訴他們自己在宇宙的位置。但外在文化已被指責為禁錮內在自我的鐵籠；人們被告知要放內在自我自由，要「真實」，要「忠於自己」，卻沒被告知要忠於自己什麼。神職人員留下的空缺現在由心理分析師運用「除了可操縱的幸福感之外，什麼也不會失去」的治療技巧來填補。[5] 瑞夫對心理治療的批評在下一代孕育出完整的社會評論類型，而評論的對象就是現代的身分認同模式。[6]

最早的治療模式是以發掘隱藏的身分認同為中心。佛洛伊德是在治療受他所謂歇斯底里戕害的維也納女性時獲得其心理學的洞見：歇斯底里是不自覺地強烈壓抑本身自然的性欲，而性欲是受到佛洛伊德後來所謂的「超我」（superego）驅使。佛洛伊德對內在自我的詮釋隨時間改變，從童年受虐的記憶到投射的性幻想都有；不論何者，治療皆須仰賴重新發掘個人狀況的起因。佛洛伊德在內在自我與社會要求的對峙上維持道德中立，承認兩者都有強力主張的資格；若真要說，他站在社會那邊。但套用萊昂內爾・特里林的話，他也是一股「無遮掩的趨勢」（unmasking trend）的一部分，那股趨勢是這樣的信念為根本：「在每個人類現象的表面下，都藏有一種矛盾的現實性；將之強行揭露，便能獲得智識、實用和（尤其是）道德上的益處。」[7]許多佛洛伊德的追隨者，例如赫伯特．馬庫色（Herbert Marcuse），以及其後精神病學傳統的人士，都不像佛洛伊德那麼中立，而認為自己在扮演解放者、幫助個人脫離社會壓迫的角色。

歸根究柢，內在身分認同能否獲得肯定，取決於盧梭所主張人性本善的事實：人的內在自我是無限潛力（盧梭稱為「完全性」〔perfectibility〕）的源頭；人類的快樂取決於那樣的自我能否脫離人造的社會約束。那當然是人類潛能運動和加州特別小組一開始的假設。

但萬一盧梭是錯的，內在自我正如傳統道德論者所相信，是反社會或有害的衝動的發源地，實為邪惡，那該怎麼辦？有些人類潛能運動的擁護者視尼采為先驅。但尼采卻對他所預見個人解放的後果直言不諱：那可能輕易為一種後基督時代的道德觀，即強者統治弱者鋪路，而非造就快樂的平等主義結局。希特勒最後只需要跟著內心的星星走，就像無數大學畢業生常被囑咐的那樣。

這就是克里斯多福．拉許（Christopher Lasch）在一九七〇年代晚期所做的批評，他主張提高自尊不會促使人類發揮潛力，只會造成有害的自戀；事實上，他覺得自戀已成為美國整個社會的特色。人們獲得解放後不會發揮潛力，而會被困在情感依賴中：「儘管偶爾有無所不能的幻覺，自戀者仍仰賴他人來確認他的自尊。沒有崇拜他的觀眾，他就活不下去。」這會在社會上造成非常負面的影響：

就連治療師說到「意義」與「愛」的需求時，也只把愛和意義定義為滿足病人的情感需求。他們很少——基於心理治療這一行的本質，也沒有這麼做的理由——鼓勵病人屈就於別人的需要或興趣，遵從自身之外的某些理念或傳統。

以美國為背景，拉許主張自戀這種社會現象不會導致法西斯主義，而會造成社會廣泛的去政治化，社會正義的奮鬥會被簡化為個人心理問題。[8]拉許早在川普崛起前就寫了這些，而川普幾近完美地體現他所描述的自戀。自戀促使川普進入政壇，而這種政治主要不是受公共目的驅使，而是他本身渴望公眾肯定的內在需求。

對於偏重治療對社會造成的影響，瑞夫和拉許等道德論者之言或許正確。但在他們撰寫那些言論之際，精神病學這行業已經出現，其成員不僅自視為觀察自然現象的科學家；他們也是具備治療病人的專業、能使病人運作得更好的醫生。想對自己感覺更好的凡夫俗子，為他們的服務創造了巨大的需求。二十世紀晚期，佛洛伊德的心理分析在美國陷入長期衰退，但其根本的治療模式仍持續攻城掠地，心理學的語言更開始滲透已發展社會的大眾文化。例如一九八〇年時，「自尊」（self-esteem）一詞幾乎不曾出現在英國報紙上，但此後提到低自尊的次數開始穩定增高，到二〇〇〇年已超過三千三百次。心理諮商也持續開疆闢土，從一九七〇年到一九九五年，心理健康專業人員的人數增加了四倍之多。[9]

如果治療成為宗教的代替品，那宗教本身也會逐漸趨向治療。在美國，開明派和福音派的教會都是如此：領導人發現，如果他們能針對自尊提供相當於心理諮商的服務，就能扭轉會眾衰退的趨勢。知名電視福音牧師羅伯特．舒樂（Robert Schuller）——他的《權能時間》（*Hour of Power*）節目每週對數百萬觀眾播放，數十年如一日；他建於加州園林市的水晶大教堂是美國最大的教堂之一——很早就寫了一本名為《自尊：全新改革》（*Self-Esteem: The New Reformation*）的書。[10]領導教會成長運動（Church Growth Movement），近幾十年來已帶領數千福音教會轉型的華理克（Rick Warren），也提出過類似的治療訊息。儼然成為其註冊商標的「標竿人生」（Purpose Driven Life）強調本堂牧師要關注非信徒「感受到的需求」的重要性，不再強調傳統基督教義，改而屬意公然涉及心理學的語言。如同舒樂，也如同加州特別小組，他淡化罪惡和傳統宗教關於評斷的層面；福音書比較像是如何在此生，而非來生獲致快樂的「使用手冊」。[11]路德的基督尊嚴難以實現；相形之下，標竿人生就是人人可及了。

先進民主自由國家的大眾文化趨向治療這點，無可避免地反映在其政治上，以及不斷演變的對國家角色的理解方式上。在十九世紀古典自由主義的思維中，國家要負責保障言論集會等基本權利、維護法治，並提供警察、道路、教育等基本公共服務。政府經由賦予公民個人權利來「承認」公民，但國家不被認為有責任要讓每一個個人都對自己有更好的感覺。

但在治療模式下，個人的快樂取決於個人的自尊，而自尊是公眾認同的副產物。政府可毫無困難地以談論及對待公民的方式發送公眾認同，因此現代自由社會自然，或許也難免開始承擔提高每一公民自尊的責任。我們已經提過最高法院法官甘迺迪的見解：自由不僅是不受制於政府的行動，而是「自己為各種概念下定義的權利，包括生存、意義、宇宙和人類生活奧祕等概念」，這個觀點可能直接出自依莎蘭學院（Esalen Institute）。

治療服務開始深嵌於社會政策——不僅在加州，也在美國各地和其他自由民主政體。國家開始提供心理諮商和其他心理健康的服務，學校也開始將治療的觀念融入教導孩子的方式中。這樣的擴張是分階段發生，與自新政以降美利堅福利國的成長串連在一起。二十世紀初，諸如犯罪或青少女懷孕等社會功能失調是被視為需要嚴懲（通常透過刑事司法體系）的越軌行為。但二十世紀中，隨著治療途徑的興起，那些逐漸被視為社會病態，需要透過諮商和精神病學的干預來治療。一九五六年的社會安全法修正案允許聯邦給付一系列的治療服務來強化家庭生活與個人自立。補助金在一九六二年進一步提高，致使社工人員和工作量在接下來十年出現爆炸性成長。一九七四年的第二十次修正案更將給付對象從貧民擴大到中產階級的收受者。[12]

治療社會服務的迅速擴張在尼克森及雷根政府引發保守派的反彈，以及抑制成長之舉。當時，有數百萬市井小民需要獲得生命問題的治療式因應之道，現在他們得較不自在地求助於牧師、爸媽、公司或其他傳統的權威來源。治療型國家轉移到各式各樣的機構，包括大型的非營利部門，那已在一九九〇年代成為國家出資之社會服務的供應管道。[13]

大學也來到治療革命的最前線。一九八七年史丹佛大學西方文化必修課引發的爭議就是一例。那一年，民權領袖傑西．傑克遜牧師（Reverend Jesse Jackson）率領一群史丹佛學生高喊「嘿嘿，吼吼，西方文化趕快走」——立刻贏得全國矚目。當時的必修課是以十五個文本為中心，從《希伯來聖經》、荷馬和奧古斯丁開始，經馬基維利和伽利略，最後念馬克思、達爾文和佛洛伊德。抗議人士想要擴充課綱、涵蓋非白人及女性作家，倒不見得是因為那些著作有多重要、多不朽，而是因為涵蓋它們，便可提高其所屬文化的尊嚴，進而提高出自那些文化的學生的自尊。

這些改變課程的要求，底下都埋藏著治療的動機，從史丹佛黑人學生聯盟（Black Student Union）主席比爾．金（Bill King）在這場西方文化辯論一開始提出的聲明就可清楚看出：

> 我明白教授……只是想維護他們認為正確的傳統……但若將思想集中在我

們身上，它們會壓垮其他洛克、休謨（Hume）、柏拉圖沒有提到的那些人的心靈，也是不給新鮮人和女性機會拓展視野，同時接受休謨和印何闐、馬基維利和馬吉利（Muhammad ibn Abd al-Karim al-Maghili）、盧梭和瑪麗·沃斯通克拉夫特（Mary Wollstonecraft）……目前在核心清單架構下、以西方哲學就是希臘、歐洲和歐美的過時觀念為中心的西方文化課程是不對的，更糟的是，它會以難以察覺的方式傷害人民的心理和情感。[14]

在比爾·金這段話裡昭然若揭的是，他認為變更課程的理由，完完全全出自心理：目前的作品會「壓垮」少數族群和女性的「心靈」，會「以難以察覺的方式傷害人民的心理和情感」。更廣泛的書目未必能傳達珍貴或不朽而極具教育意義的知識；它的目的是在提高邊緣化學生的自尊，讓他們對自己感覺更好。[15]

治療模式是直接衍生自現代對身分認同的理解。它認為我們有深不可測、潛力未被了解的內在空間，而外在社會一直透過規範、角色和期望來壓制我們。我們既需要自行探測內在空間，也需要革命性的進程來擺脫重重限制的規範。治療專家不特別對我們內在的實質內容感興趣，也不特別在意周遭社會是否公正的抽象問題。治療專家只在乎如何讓病人對自己感覺更好，而辦法就是提高自我價值感。

治療模式的崛起催生出先進自由民主國家的現代身分認同政治。不管在哪裡，身分認同的政治就是爭取承認尊嚴的鬥爭。自由民主政體的前提是視每一個公民為**獨立個體**，且平等承認每一個人的尊嚴。久而久之，平等承認的範圍，在量與質上都擴張了。在量上，有更多人被接納為擁有權利的公民；在質上，對承認的理解方式持續演化，不只是承認正式的權利，還有實質的自尊。

尊嚴正被民主化。但自由民主國家的身分認同政治又開始往民族和宗教等集體、不自由的身分認同形式收斂，因為個人想獲得承認的常常不是個體性，而是他們與他人的一致性。

注釋

1 人類潛能運動以往是由伊莎蘭學院推廣，其早期主事者之一是維琴尼亞・薩提爾（Virginia Satir）。加州特別小組的報告可謂向那段往事致敬。

2 Abraham Maslow, *A Theory of Human Motivation* (New York: Start Publishing, 2012).

3 *Toward a State of Self-Esteem: The Final Report of the California Task Force to Promote Self-Esteem and Personal Social Responsibility* (Sacramento: California State Department of Education, January 1990), 18-19.

4 同上，頁一九、二四。羅伯特・富勒的《所有人的尊嚴》（*Dignity for All: How to Create a World Without Rankism*）也強調自尊的普遍需求。

5 Philip Rieff, *The Triumph of the Therapeutic: Uses of Faith After Freud* (Chicago: University of Chicago Press, 1966), 4, 13.

6 概論請參閱凱蒂・萊特（Katie Wright），《治療型社會的興起》（*The Rise of the Therapeutic Society: Psychological Knowledge and the Contradictions of Cultural Change*），頁一三—一八。

7 Lionel Trilling, *Sincerity and Authenticity* (Cambridge, MA: Harvard University Press, 1972), 142.

8 Christopher Lasch, *The Culture of Narcissism: American Life in an Age of Diminishing Expectations* (New York: Norton, 1978), 10, 13.

9 Frank Furedi, *Therapy Culture: Cultivating Vulnerability in an Uncertain Age* (London: Routledge, 2004), 4-5, 10.

10 羅伯特・舒樂，《自尊：全新改革》（*Self-Esteem: The New Reformation*）。舒樂的著作可歸類於美

國勵志文學的悠久傳統，代表性作家如諾曼・文森特・皮爾（Norman Vincent Peale）。例如可參閱舒樂的《成功從未終止，失敗絕非結局》（*Success Is Never Ending, Failure Is Never Final*）。

11 Bob DeWaay, *Redefining Christianity: Understanding the Purpose Driven Movement* (Springfield, MO: 21st Century Press, 2006).

12 Andrew J. Polsky, *The Rise of the Therapeutic State* (Princeton, NJ: Princeton University Press, 1991), 158-64.

13 Ibid., 199-200.

14 Quoted in Herbert Lindenberger, "On the Sacrality of Reading Lists: The Western Culture Debate at Stanford University," in *The History in Literature: On Value, Genre, Institutions* (New York: Columbia University Press, 1990), 151.

15 大學承擔治療任務的整體趨勢在弗蘭克・富里迪（Frank Furedi）〈治療型大學〉（The Therapeutic University）中有描述，《美國利益》（*American Interest*）一三（一）（二〇一七）：五五—六二。

第十一章

從身分到多種身分

一九六〇年代，全球已發展的民主國家出現了一連串強有力的新社會運動。在美國，民權運動要求國家實現《獨立宣言》所申明，且在南北戰爭結束時寫入憲法的種族平等承諾。隨後是女權運動，旨在為女性爭取平等的待遇——受到女性大量湧入勞動市場的刺激和形塑。一場類似的性革命粉碎了關於性和家庭的傳統規範，一場環境運動重新塑造民眾對於人與自然關係的態度。往後幾年，還有促進身心障礙、美洲原住民、移民、同性戀和跨性別民眾權利的運動陸續出現。

至於歐洲，在一九六八年法國學運後，也有類似的爆炸性發展。以往，法國左派是以強硬派的共產黨員為核心，與之有共鳴者包括尚–保羅・沙特（Jean-Paul Sartre）等著名知識分子。他們的議程仍聚焦在工業勞動階級和馬克思主義的革命。在一九六八年的暴動後，先前的關注被許多也攪亂美國的社會議題取代：少數族群和移民的權利、女性地位、環境保育等等。無產階級革命似乎不再與當代歐洲所面臨的問題相關。法國各地的學生抗議和大規模罷工呼應了德國、荷蘭、北歐等地的事態發展。左翼的「一九六八世代」不再一心一意執著於階級鬥爭，而是支持更多被邊緣化的族群爭取權利。

這些社會運動之所以層出不窮，是因為民眾盼望自由民主政體會平等承認所有公民的尊嚴。但民主政體從未實踐這個主張：不管法律怎麼說，人們被評判的依據往往不是其個人特質和能力，而是被認為屬於哪個群體。

在過去的美國，這些偏見長年以來可恥地反映在正式的法律上，那不允許黑人兒童和白人兒童一起受教育，認為女性不夠理性而不給她們投票權。但就算法律已經修正來廢除學校的種族隔離及賦予女性參政權，廣大的社會並未就此不把自己分成群體來看待。歧視、偏見、不尊重或單純視而不見等心理學主題，仍深植於社會意識中。這些主題之所以持續不墜，也是因為各群體在行為、表現、財富、傳統和習俗上依然互不相同。

一九六〇年代在各個社會出現的新社會運動，已經準備好從身分認同的角度思考，也已經展開提高民眾自尊的治療任務。一九六〇年代以前，在意身分認同的人主要是那些想徹底發揮潛力的人。但隨著這些社會運動興起，很多人自然開始從所屬群體尊嚴的角度來思考本身的目的與目標；於是，政治影響了個人。[1] 每一場運動都代表一群在那之前被忽視或壓制的民眾；每一場都怨恨自己宛如隱形，希望大眾承認他們的內在價值。我們今天稱為現代身分認同政治的東西，就是這樣誕生。只有這個名詞是新的；這些群體是在複製早期民族主義和宗教身分認同運動的鬥爭和願景。

每一個被邊緣化的群體都可以選擇要以更廣或更窄的認同條件來看待自己。它可以要求社會比照對待優勢群體的方式來對待它的成員，也可以為其成員主張獨特的身分，要求大眾尊重他們與主流社會**不同**。後來，後者的策略較常勝出。早期小馬丁·路德·金恩博士的民權運動，僅要求美國社會以對待白人的方式對待黑人。他並未抨擊那些主導白人彼此應對方式的規範或價值觀，也未要求國家改變基本民主制度。但到了一九六〇年代晚期，諸如黑豹黨（Black Panthers）或伊斯蘭民族（National of Islam）等群體冒出頭時卻主張，黑人要有自己的傳統和意識；黑人要以自己的身分為傲，而非廣大社會希望他們變成的樣子為榮。套用一句出自威廉·霍姆斯·博德斯（William Holmes Borders）之手、傑西·傑克遜牧師引用過的詩：「我或許窮，但我不是無名之輩！」美國黑人真正的內在自我與白人不同，而曾於充滿敵意的白人社會長大成人的獨特經驗，塑造了那種自我。那是充滿暴力、種族歧視和詆毀的經驗，不同環境長大的人，永遠無法體會。

這些主題已被今日的「黑人的命也是命」採納。這場運動原本是反對佛格森

（密蘇里州）、巴爾的摩、紐約和其他美國城市的警察暴力而起，後來已隨時間擴展，從替麥可．布朗（Michael Brown）、艾瑞克．賈納（Eric Garner）等個別受害者伸張正義，到致力讓民眾覺察美國黑人日常存在的本質。諸如塔納哈希．科茨（Ta-Nehisi Coates）等作家，認為現在警察對非裔美國人的暴力，與那段奴役、私刑的漫長歷史記憶密不可分。那段記憶構成了黑人與白人間相互理解的鴻溝，畢竟雙方過往的人生體驗截然不同。[2]

同樣的演變也發生在女權運動期間，而且更快、更強勁。一如早期的民權運動，此主流運動的訴求集中於女性在就業、教育、司法等環境的平等待遇。但從一開始，女權運動一個重要的支派就主張女性的意識和人生體驗與男性南轅北轍，因此女權運動的目標不該是促使女性的行為和思考跟男性一樣。西蒙．波娃（Simone de Beauvoir）影響深遠的一九四九年著作《第二性》（*The Second Sex*）聲稱，女性的人生經驗和身體是受到周遭社會的父權本質大力塑造，這個經驗是男性絕難體會的。[3]女權法學家凱瑟琳．麥金儂（Catharine MacKinnon）以更極端的形式表達這個觀念，她主張強暴與性交「難以區分」，而現有針對強暴的法律反映了強暴犯的觀點。儘管並非所有這種法律的起草人都是強暴犯，她說：

「他們屬於那個會這麼做（強暴）的群體，而那個群體會這麼做，是基於和就算不這麼做的人也共有的理由，也就是男子氣概，以及他們對陽剛標準的認同。」[4]

每個群體都有屬於自己、外人難以理解的身分認同，這個概念反映在「人生體驗」（lived experience）一詞的使用上，自一九七〇年代以來，這個詞在大眾文化中出現爆炸性成長。[5]經驗和人生體驗的差別，根植於德文「*Erfahrung*」和「*Erlebnis*」的不同——令十九世紀不少思想家全神貫注的兩個詞。「*Erfahrung*」指的是可以分享的經驗，例如人們在不同實驗室裡目睹的化學實驗。「*Erlebnis*」（併入「*Leben*」一詞，即「life」）則意味經驗的主觀感受，不見得能與人分享。作家華特・班雅明（Walter Benjamin）在一九三九年一篇散文中主張，現代生活構成一連串「衝擊的經驗」，使個人無法將自己的生命視為一個整體，也難以將「*Erlebnis*」轉化成「*Erfahrung*」。他負面地視之為「新的野蠻類型」，共有記憶分解成一連串個別的經驗。[6]我們該記得，這條思想的脈絡可回溯至盧梭，他對「存在的情感」的強調，使主觀的內在感覺凌駕周遭社會的共同規範與理解。

「*Erfahrung*」和「*Erlebnis*」的差別就與經驗和人生體驗的差別類似。「人生體驗」一詞是經由西蒙．波娃進入英文這種語言的：《第二性》第二卷的書名就是「L'experience vecue」，即人生體驗。她主張，女性的人生體驗不是男性的人生體驗。女性的主觀經驗會提高其主觀性，這也適用於其他基於種族、族群、性傾向、殘疾等等的群體和類別。各種類別的人生體驗都不一樣；男同性戀、女同性戀和跨性別的人生體驗都不一樣；巴爾的摩的黑人男性，人生體驗也和阿拉巴馬州伯明罕的黑人女性不同。

人生體驗開始備受重視反映出長期現代化更廣泛的性質，一個我們先前提過、最早催生出身分認同問題的性質。現代化需要一個複雜的社會：有嚴密的分工、現代市場經濟不可或缺的個人移動性，以及從鄉村到城市、透過彼此為鄰的個體創造多元性的遷徙。在當代社會，這些社會變遷又被現代通訊技術和社群媒體深化，那允許住在不同地理區、想法一致的個人彼此聯繫。在這樣的世界，人生體驗，以及因此產生的身分認同，開始呈指數擴散，就像網路上YouTube的明星和臉書的同溫層一樣。被迅速侵蝕的則是舊式「經驗」的可能性，也就是可以跨越群體分享的觀點和感覺。

學校、大學、健康中心和其他社會服務機構趨向治療，代表它們除了照顧人的物質條件，也願意照顧人的心靈——驅動每一次社會運動的「平等的激情」。隨著七〇及八〇年代少數民族和女性的意識愈來愈強，有一個現成的詞彙和架構可用來理解他們被邊緣化的經驗。身分認同，以往是個人的事情，現在則成為群體的特性：認為自身文化是由本身人生體驗塑造的群體，產生了身分認同。

多元文化主義（multiculturalism）原本用來形容實際多樣化的社會。但它也成為一種政治綱領的標籤：平等尊重每一種文化和每一種人生體驗，尤其是過去被忽視或低估的。古典自由主義力求保障平等個體的自主性，新的多元文化主義意識形態則提倡平等尊重所有文化，就算那些文化會限制參與個人的自主性。

多元文化主義最早是用來指稱加拿大法語圈、穆斯林移民和非裔美國人之類的大型文化群體。但這些群體又因各自不同的經驗而細分成更小、更特殊的群體，以及多種歧視形式交集而成的群體，例如有色人種的女性，單單透過種族或性別的稜鏡，都無法理解她們的人生。[7]

另一個促使焦點轉移到身分認同的因素是，要制定會帶動大規模社會經濟變革的政策，愈來愈難了。一九七〇到八〇年代，已發展世界的進步派群體正面臨生存危機。二十世紀前半，堅定左派（hard left）遵奉馬克思主義，強調勞動階級和無產階級革命。不同於馬克思主義者，接受自由民主為架構的社會民主左派，則有不同的議程：意圖擴充福利國家來涵蓋更多人、提供更多社會保障。不論是馬克思派或其社會民主的變體，左派都希望透過運用國家的力量來增進社會經濟的平等，希望社會服務開放給全體公民，並重新分配財富和所得。

隨著二十世紀步入尾聲，這種策略的局限昭然若揭。馬克思左派得面對這個現實：蘇聯和中國的共產社會已變成奇形怪狀、專制壓迫的獨裁政府，遭到本身也是共產黨員的赫魯雪夫（Nikita Khrushchev）和戈巴契夫（Mikhail Gorbachev）等領導人指責。在此同時，多數工業化民主國家的勞動階級變得比較有錢，開始愉快地與中產階級融合。共產革命和廢除私有財產的主張遂失去著力點。

社會民主左派也走進某種死胡同：它希望福利國不斷擴張的目標，在動盪的一九七〇年代碰上財政緊縮的現實。各國政府以印鈔票作為因應，導致通貨膨脹和金融危機；重分配計畫創造不當誘因，降低民眾工作、儲蓄和創業的意願，進而縮小可用來重分配的那塊餅。不平等仍根深柢固，諸如林登・詹森（Lyndon Johnson）「偉大社會」（Great Society）等雄心萬丈、企圖根絕不平等的努力成效有限。在蘇聯於一九九一年解體、中國於一九七八年轉向市場經濟後，馬克思左派大致瓦解，剩下的社會民主派則與資本主義言歸於好。經歷越戰及水門案等挫敗，左派也跟右派一樣，逐漸對政府幻想破滅。

實施大規模社經改革的企圖心減弱，使左派在二十世紀的最後二、三十年改而擁抱身分認同政治和多元文化主義。左派固然持續熱情地追求平等，但其著重的議題已從先前的勞動階級境遇，轉向愈來愈多樣的邊緣化群體。許多社運人士開始將舊勞動階級及其工會視為特權階層，認為他們不同情比自己更弱勢的群體，如移民或少數民族等。認同的鬥爭遂鎖定新的群體及其組成群體的權利，不再針對個人的不平等。在這個過程中，舊勞動階級被丟下了。

類似的事情也發生在法國等堅定左派向來比在美國突出的歐洲國家。在一九六八年五月學運後，老馬克思左派的革命目標，看來不再切合正改頭換面的新歐洲。左派的議題轉向文化：需要粉碎的不是現有剝削勞動階級的政治秩序，而是西方文化霸權和壓迫國內少數族群及國外發展中國家的價值觀。[8] 古典派馬克思主義已接受許多西方啟蒙運動的基柱：相信科學及理性、相信歷史進程、相信現代社會優於傳統社會。與之相較，新文化左派偏向尼采和相對主義，抨擊西方啟蒙立基的基督和民主價值。西方文化被視為殖民主義、父權和環境破壞的孕育者。接下來，這樣的批判慢慢滲透回美國，成為美國大學裡的後現代主義和解構主義。

歐洲人變得比較文化多元了，包括事實上及原則上都是如此。通常以穆斯林為主的移民社區，在許多歐洲國家因應二次大戰過後初期的勞力短缺而成長。在那段日子，這些社區的社運人士努力為移民及其子女爭取平等權利，卻頻頻遭遇阻止向上流動和社會整合的障礙而受挫。受到一九七九年伊朗革命和沙烏地支持薩拉菲清真寺及宗教學校（madrassa）的鼓舞，伊斯蘭主義團體開始在歐洲出現，主張穆斯林不該尋求融合，而該維持獨立的文化制度。歐洲左派許多人接受這股趨勢，認為比起選擇融入社會體制的西化穆斯林，伊斯蘭主義者是更純正的邊緣化族群代言人。[9] 在法國，穆斯林成為新的無產階級，部分左派則以文化多元主義之名捨棄了傳統的世俗主義。在反種族主義和反伊斯蘭恐懼症（Islamophobia）的旗幟下，指謫伊斯蘭主義者不寬容、不開明的批評常被淡化處理。

歐美各國進步左派之改弦易轍有利也有弊。對身分認同政治的接納既可以理解，也有必要。身分認同群體的人生體驗各自不同，也常須以各群體特殊的方式傳達。外人常無法察覺自己的言行舉止所造成的傷害——例如許多男性在 #MeToo 運動凸顯性騷擾和性侵犯之後才恍然明白。身分認同政治的目標是以真正能造福相關民眾的方式來改變文化和行為。

藉由將聚光燈轉向範圍較窄的不公義經驗，身分認同政治除了在具體公共政策方面造就受歡迎的變革，造福相關群體外，也引發文化規範上的轉變。「黑人的命也是命」運動已讓美國各地警察部門更注意自己對待少數公民的方式，就算警察濫權的事件未曾停歇。#MeToo 運動拓展了大眾對性侵犯的理解，也開啟一場重要的討論：現有處置性侵害的刑法有多不合時宜。它最重要的影響或許是已經帶動全面的規範性移轉，改變美國等國家兩性在職場的互動方式。

因此，這樣的身分認同政治本身沒有什麼不對；那是對不公不義自然而然、不可避免的回應。唯有被人以特定方式詮釋或宣稱時，身分認同才會成為問題。對某些進步派人士來說，身分認同政治儼然成為一種廉價的代替品：他們不必再認真思考如何扭轉多數自由民主政體三十年來往更大社經不平等流動的趨勢。在菁英集團內部討論文化議題，比撥款或說服多疑的國會議員改變政策來得容易。

身分認同政治最清晰的表現出現在一九八〇年代以後的大學校園。比起改善相關群體的所得或社會處境，要大學改變課程納入女性和少數族群作家的著作相對容易。許多已成為近來爭取身分認同焦點的選民，例如矽谷的女性高階主管或好萊塢前景看好的女性演員和製作人，都接近所得分布的頂端。協助他們獲得更大的平等是好事，但無助於解決所得頂端一%和其餘九九%之間那刺眼的差距。

這便是一旦將焦點擺在更新、更狹義的邊緣化群體，會產生的第二個問題：那些更老、更大、嚴重問題一直遭到忽視的群體，再也得不到關注。有一大部分的美國白人勞動階級已被拖進下層階級，足以和一九七〇及八〇年代非裔美國人的經驗相提並論。但至少在最近以前，我們很少聽聞左派社運人士關注迅速惡化的鴉片危機，或美國農村貧窮單親家庭兒童的命運。今天的進步派人士提不出雄心勃勃的策略來解決將伴隨先進自動化而來的嚴重失業，或技術可能帶給全體美國人的所得不均——不分膚色性別。同樣的問題也困擾歐洲的左派：最近數十年，法國共產及社會主義政黨已流失大量選票給民族陣線，德國社會民主黨也因支持梅克爾（Angel Merkel）歡迎敘利亞難民而在二〇一七年的選舉失利。[10]

現今對身分認同的理解方式所引發的第三個問題是，那可能威脅言論自由，以及範圍更廣的，維繫民主所需的那種理性的論述。自由民主政體致力於保障你在理念的市場裡想說什麼就說什麼的權利，特別是在政治範疇。但一旦執著於身分認同，就會與商議性的論述發生衝突。身分認同團體聚焦於人生體驗，會鞏固情緒感受，而非理性檢視的內在自我。一名觀察家指出：「在微觀層次，我們的政治文化是某特定人士的見解和人們所感知單一、永恆、真正的自我融合而成。」這有利於篤信的見解，勝過可能迫使人們放棄那些見解的理性商議。[11]往往，某個論據一旦與某人的自我價值感相牴觸，就會被視為不被接納的充分理由，而社群媒體散播的那種簡式論述，更助長了這股趨勢。[12]

透過聯合各自迥異的身分認同群體來建立左派的政治策略，誠如馬克·里拉（Mark Lilla）所解釋，也有問題。[13]美國政治制度現有的失能衰敗與美國政治走向極端、愈來愈極化有關，這已使得例行管理變成演練邊緣政策，使全國所有機構都面臨政治化的危險。這種極化的責任，並非由左右兩派均分。如湯瑪斯·曼和諾曼·奧恩斯坦（Norman Ornstein）所主張，共和黨向茶黨所代表之極端主義觀點趨近的速度，遠比民主黨左傾來得快。[14]但左派也偏得更左了。兩黨都是藉此回應兩黨選舉制和全民初選制給予政治運動人士的誘因。最關心身分認同議題的政運人士鮮少代表全體選民；事實上，他們關注之事常會嚇跑主流投票人。此外，現代身分認同強調人生體驗的本質會在自由聯盟**內部**引發衝突。例如「文化挪用」（cultural appropriation）的爭議就會使進步派的黑人與白人針鋒相對。[15]

身分認同政治交由左派實踐的最後一個問題，或許也是最重要的問題是在於，它已經刺激右派身分認同政治的崛起。身分認同政治會催生出**政治正確**，而對抗政治正確已成為右派動員的主要源頭。既然政治正確成了二〇一六年美國總統選舉的核心議題，我們有必要後退一步，想想這個名詞的起源。

政治正確指的是你在大眾面前訴說時不會害怕遭受道德譴責的事情。每個社會都有某些概念與其正統理念背道而馳，因此禁止公開談論。在自由民主社會，你私底下相信或講述希特勒有權殺害猶太人或奴隸是良善制度，是你的自由。在美國第一修正案之下，你說這種事情的權利也受到憲法保障。但任何支持這種觀點的政治人物，必定會遭受相當程度的道德譴責，因為這種觀點與美國獨立宣言載明的平等原則相左。長年以來，在許多沒有像美國這種絕對言論自由觀念的歐洲民主國家，這般口不擇言可是犯法的。

但政治正確的社會現象比這來得複雜。新的身分認同一再被發掘，可接受的語言一再更動的情況，一般人很難跟得上：「manhole」（人孔蓋）現在要叫「maintenance hole」，美式足球華盛頓紅人隊（Washington Redskins）的名稱現在會詆毀美洲原住民；在錯誤的語境使用「他」或「她」代表你對雙性人或跨性別族群冷漠。卓越的生物學家愛德華．威爾森（E. O. Wilson）曾因暗示某些性別差異有生物學根據，而被人倒了一桶水在頭上。這些詞語對基本的民主原則無足輕重，但它們挑戰了特定群體的尊嚴，並代表說話的人沒有察覺或不同情該群體所面臨的艱困和掙扎。

說到底，政治正確較極端的形式是相對少數的左派作家、藝術家、學生和知識分子的範疇。但它們被保守派媒體挑出來放大，成為整個左派的代表。這或許可解釋二〇一六年美國總統選舉其中一個不尋常的面向：川普持續受到核心支持團體的歡迎，雖然他的行徑若換作其他政治人物，早就結束政治生涯了。他在選戰中嘲弄一名肢體障礙的新聞記者；他被揭露曾自誇對女性毛手毛腳；他將墨西哥人描述成強暴犯和罪犯。雖然他的許多支持者未必認同他的每一句話，卻喜歡他不畏政治正確的壓力、敢衝敢言的作風。川普是我們這個年代「真性情倫理」

（ethics of authenticity）的完美實踐者：他或許扯謊、惡毒、頑固、沒有總統的樣子，但至少有話直說。

透過正面迎戰政治正確，川普扮演了將身分認同政治的焦點從左翼（其出生地）移往右翼（現已生根發展）的關鍵角色。左翼的身分認同政治傾向僅讓特定身分獲得合法地位而忽略或詆毀其他身分，例如歐洲（即白種人）族群、基督宗教性、鄉村居民、傳統家庭價值觀及其他相關類別。許多川普的勞動階級支持者都覺得自己被國家菁英漠視了。好萊塢製作有堅強女性、黑人或同性戀角色的電影，卻很少圍繞像他們這樣的人，反倒不時取笑他們（想想威爾．法洛〔Will Ferrell〕的《王牌飆風》〔*Talladega Nights*〕）。不僅在美國，在英國、匈牙利、波蘭等國也是民粹運動骨幹的鄉村民眾，常相信他們的傳統價值觀受到國際性城市菁英的嚴重威脅。他們覺得被世俗文化犧牲了：那小心翼翼不去批評伊斯蘭或猶太教，卻視他們自己的基督教為頑固的標記。他們覺得菁英媒體以其政治正確置他們於險境，就像主流德國媒體連續數天未報導二〇一六年科倫新年慶祝活動上，以穆斯林男子為主的一群人搞出的集體性騷擾及性侵害事件，害怕給伊斯蘭恐懼症火上加油那樣。

這些新的右翼身分認同之中最危險的莫過於和種族有關者。川普總統一直小心不要公然表述種族主義的觀點。但他樂於接受抱持那種觀點的個人及群體的支持。還是候選人時，他就不願批評前三K黨（Ku Klux Klan）領袖大衛・杜克（David Duke），並在二〇一七年八月維吉尼亞州夏洛茨維爾的「團結右翼集會」（Unite the Right）後將暴力歸咎於「雙方」。他專挑黑人運動員和名人批評。對於要不要移除紀念南北戰爭同盟陣亡將士（Confederate heroes）的雕像，全國意見更加極化，而川普向來樂於利用這樣的議題。自他崛起後，白人民族主義已從邊緣運動壯大成美國政壇的主流。其擁護者認為，把「黑人的命也是命」或同志權利或拉丁裔選民視為環繞特定身分合法組織的群體來討論，在政治上向來可被接受。但如果你用「白人的」這個形容詞作為自我認同，或者更糟的，圍繞「白人權利」這個主題建立政治組織，白人民族主義者指出，你會立刻被鑑定為種族主義者和冥頑不靈的人。

類似的事情也發生在其他自由民主國家。白人民族主義在歐洲有段漫長的歷史，它在那裡的名字叫法西斯主義。法西斯主義在一九四五年遭遇軍事挫敗，此後就被小心謹慎地壓制。但近年來的事件已鬆開若干禁錮。二〇一〇年代中期的難民危機引起東歐各國一陣恐慌，害怕穆斯林移民可能改變當地的人口平衡。二〇一七年十一月，波蘭獨立紀念日當天，估計有六萬民眾在華沙遊行，高喊「我要純波蘭、我要白波蘭」和「移民滾蛋！」（雖然波蘭收留的難民人數相對少）。執政的民粹派法律與公正黨（Law and Justice Party）與示威群眾保持距離，但也跟川普一樣發出混雜的信息，暗示遊行者的目的不是完全不值得同情的。[16]

左翼身分認同政治的擁護者會認為右派的主張不具正當性，道德上不能與少數族群、女性和其他邊緣化群體的主張相提並論。反之，右派的主張反映的是一種優勢主流文化的觀點，那種文化以往享有特權，現在如此，未來也是如此。

這些論點顯然其來有自。保守派方面認定利益被不公平地分給少數族群、女性或難民的看法過分誇大，就跟政治正確到處張牙舞爪的看法一樣。社群媒體難辭其咎，因為單一評論或事件可以在網路到處亂竄，成為一整類民眾的標誌。許多邊緣化群體的現實仍和過去一樣：非裔美國人仍是警察暴力的目標，女性持續被侵害、被騷擾。

但值得注意的是右派如何從左派那裡採用身分認同的語言和架構：我的群體

被犧牲了、社會其他人對它的處境和苦難視若無睹、要為這種情況負責的社會政治結構都必須打破（即：媒體及政治菁英）。現今意識形態光譜上的多數社會議題，都可以透過身分認同政治這面稜鏡來觀察。

自由民主國家有充分的理由不要圍繞著一連串急遽增多、外人難以理解的身分認同群體來組織。身分認同政治的動能會刺激更多同類的東西萌生，因為身分認同群體會開始視彼此為威脅。不同於經濟資源的爭奪，身分認同的訴求通常是不可談判的：基於種族、族群或性別的要求社會承認之權利，是以固定的生物學特性為根據，不能拿來交換其他物品，也不容刪減。

雖然左右兩派都有若干提倡者如此深信，但身分認同並非由生物因素決定；儘管會被經驗與環境塑造，身分認同可以有非常集中也可以有寬廣的定義。我出生是什麼樣子，不代表我非得以那種方式思考不可；人生體驗最終可能轉化成共同的經驗。社會需要保障被邊緣化和被排拒在外的人民，也需要透過商議和共識來達成共同目標。若左派和右派的議程都轉向保障更狹窄的群體的身分認同，那最終會危害溝通和集體行動的可能性。這種情況的解方不是拋棄身分認同的理念——現代人已太習慣從身分認同的角度思考自己和周遭社會了——而是定義出範圍更大且更具整合性的國族認同，充分考量現有自由民主社會的實際多元性。這將是後面兩章的主題。

注釋

1 Donald Horowitz, *Ethnic Groups in Conflict* (Berkeley: University of California Press, 1985), 141-43.

2 Ta-Nehisi Coates, *Between the World and Me* (New York: Spiegel and Grau, 2015), 7-10.

3 Simone de Beauvoir, *The Second Sex* (New York: Alfred A. Knopf, 1953).

4 Stuart Jeffries, "Are Women Human?" (interview with Catharine MacKinnon), *Guardian*, April 12, 2006.

5 See Jacob Hoerger, "Lived Experience vs. Experience," *Medium*, October 24, 2016, https://medium.com/@jacobhoerger/lived-experience-vs-experience-2e467b6c2229.

6 這些論點都是霍伊格在上述文章所做。

7 Kimberle Williams Crenshaw, "Mapping the Margins: Intersectionality, Identity Politics, and Violence Against Women of Color," *Stanford Law Review* 43:1241-99, July 1991.

8 Mathieu Bock-Cote, *Le multiculturalisme comme religion politique* (Paris: Les Editions du Cerf, 2016), 16-19.

9 Sasha Polakow-Suransky, *Go Back to Where You Came From: The Backlash Against Immigration and the*

Fate of Western Democracy (New York: Nation Books, 2017), 23-24.

10 Theo Lochocki, "Germany's Left Is Committing Suicide by Identity Politics," *Foreign Policy*, January 23, 2018.

11 Maximillian Alvarez, "Cogito Zero Sum," *Baffler*, August 2, 2017, https://thebaffler.com/the-poverty-of-theory/cogito-zero-sum-alvarez.

12 一個例子是蕾貝卡・杜佛（Rebecca Tuvel）在《希帕提亞》（*Hypatia: A Journal of Feminist Philosophy*）發表〈為跨種族辯護〉（In Defense of Transracialism）一文遭到的待遇，如凱莉・奧立維（Kelly Oliver）在二〇一七年五月八日《哲學沙龍》（*Philosophical Salon*）〈如果這叫女性主義……〉（If This is Feminism …）文中所述。亦可參見奧立維，〈憤怒時代的教育〉（Education in an Age of Outrage），《紐約時報》，二〇一七年十月十六日。

13 Mark Lilla, *The Once and Future Liberal: After Identity Politics* (New York: HarperCollins, 2017).

14 Thomas E. Mann and Norman J. Ornstein, *It's Even Worse Than It Looks: How the American Constitutional System Collided with the New Politics of Extremism* (New York: Basic Books, 2012).

15 文化挪用指的是某個種族、族群、性別的人士使用其他群體文化或從中獲利的作為。一個著名的例子是，畫家達娜・舒茨（Dana Schutz）畫了艾米特・蒂爾（Emmett Till）面目全非的屍體，致使有人要求那幅畫該被銷毀，因為她是白人畫家，而她描繪的是黑人創痛的時刻。另一個例子是一名編輯因發表文章維護白人作家創造少數民族或原住民人物的權利，而被迫辭去在加拿大作家聯盟（Canadian Writers Union）的職務。在這兩個例子，被批評的人本身都是自由派而盡量懷抱同情來理解少數族群的經驗和苦難。

漢娜・布萊克（Hannah Black）批評達娜・舒茨的信刊載於 https://i-d,vice.com/en_uk/article/

d3p84a/black-artists-urge-the-whitney-biennial-to-remove-painting-of-murdered-black-teenager-emmett-till。亦請參閱克南・馬利克（Kenan Malik），〈為文化挪用辯護〉（In Defense of Cultural Appropriation），《紐約時報》，二〇一七年六月十四日；蘭諾・絲薇佛（Lionel Shriver），〈蘭諾・絲薇佛演說全文：但願文化挪用的概念只是一時風潮〉（Lionel Shriver's Full Speech: I Hope the Concept of Cultural Appropriation Is a Passing Fad），《衛報》（*Guardian*），二〇一六年九月十三日。

16 Matthew Taylor, " 'White Europe': 60,000 Nationalists March on Poland's Independence Day," *Guardian*, November 12, 2017; Anne Applebaum, "Why Neo-Fascists Are Making a Shocking Surge in Poland," *Washington Post*, November 13, 2017.

第十二章

我們人民

二〇一一年阿拉伯之春後，敘利亞陷入毀滅性的內戰，估計已造成四十萬人死亡。據聯合國人權事務高級專員（The UN High Commissioner for Human Rights）的資料，已有四百八十萬民眾逃離該國，包括一百萬人逃往歐洲，另有六百六十萬人在敘利亞境內流離失所——衝突爆發時，敘利亞的人口為一千八百萬。這場戰爭直接致使土耳其、約旦、黎巴嫩、伊拉克等敘利亞鄰國的政治陷入動盪，也引發撼動歐盟的移民危機。

敘利亞是當一個國家缺乏明確國族認同時的極端事例。這場內戰的近因是二〇一一年受阿拉伯之春激勵而爆發的反對巴沙爾·阿薩德政權的和平抗爭。阿薩德不但沒有辭職，更對反對者進行猛烈的鎮壓。隨後反對者以暴抗暴，而這場衝突開始引來外界團體的關注，外國戰士湧來加入伊斯蘭國。土耳其、沙烏地阿拉伯、伊朗、俄羅斯和美國的撐腰，更進一步深化了內戰。

隱藏在這些事件底下的，是教派分裂的事實。一九七〇年政變後，敘利亞由哈菲茲·阿薩德（Hafiz al-Assad）統治，二〇〇〇年後則由其子巴沙爾繼任，兩人同屬阿拉維派（Alawite）。屬什葉派伊斯蘭分支的阿拉維派，約占敘利亞內戰前人口的一二%；其餘人口大多為遜尼派穆斯林，也有不少基督徒、雅茲迪人和其他少數人口。阿拉伯人、庫德族人、德魯茲派、土庫曼人、巴勒斯坦人、切爾克斯人之間種族不同、語言不同，而這有時也呼應宗教的不一致。意識形態的分裂也存在於暴力極端分子、溫和派伊斯蘭主義、左派和自由派人士之間。阿拉維派能主宰敘利亞的政治生活是因為他們曾在分而治之（divide-and-rule）的策略下被當時的殖民宗主法國人招募從軍。自阿薩德家族統治至今，阿拉維派一直遭到國內其他團體憎恨與抗拒，哈菲茲和巴沙爾．阿薩德唯有透過嚴酷鎮壓才能維持穩定。對名為敘利亞的政治實體的忠誠，甚少超越對個人派別、族群或宗教的忠誠，而每當國家的壓制力看似減弱，比如二〇一一年時，國家便分崩離析。

薄弱的國族認同已成為大中東地區的主要問題，葉門和利比亞已變成失敗國家，阿富汗、伊拉克和索馬利亞則深受內部暴亂所苦。其他發展中國家維持得較穩定，但與國族認同感薄弱有關的問題，仍使它們備受困擾。撒哈拉以南非洲各地的情況亦是如此，成為發展的最大阻礙。例如肯亞、奈及利亞等國都有種族及宗教分歧；唯有靠不同族群輪流執政洗劫國家才能維持穩定。[1]結果便是極度貪腐、貧窮和失敗的經濟發展。

相對來說，日本、韓國和中國在現代化之前——或說在十九世紀遭遇西方列強之前——都有高度發展的國族認同。這些國家能夠在二十世紀及二十一世紀初成長得如此壯盛，部分原因是它們在敞開國門進行國際貿易和投資之際，不必解決國內的身分認同問題。他們也遭受內戰、被外國占領和分裂之苦。但一旦這些爭端穩定下來，便可建基於立國傳統與共同的國家目標之上。

國家認同始於民眾對國家政治體系的正當性有共同的信念，不論那是不是民主。身分認同可體現於正式的典章制度，例如規定教育體系要教國家的哪些過往給孩子，或什麼會被認定為官方語言的制度。但國家認同也延伸到文化和價值觀的領域。構成國家認同的是人們所說關於他們自己的故事：他們來自何方、慶祝什麼、有何共有的歷史記憶、如何才能成為共同體名副其實的一員。[2]

在當代世界，多元性——基於種族、族群、宗教、性別、性傾向等等——既是人生的事實，也是一種價值觀。基於許多理由，這對社會是好事。接觸不同的思考和行為方式，往往可以刺激革新、創造力和企業家精神。多元性會讓人感受到趣味和興奮。一九七〇年的華盛頓是頗無聊的雙種族城市，你吃得到最富異國情調的食物是在康乃狄克大道的北宮飯店供應。今天，大華盛頓地區是不可思議的種族多元性的家園：你可以吃到衣索比亞、祕魯、柬埔寨和巴基斯坦的食物，可以從一個小族裔群聚區走到另一個小族裔群聚區。這座城市的國際化也刺激了其他形形色色的有趣事物：隨著這裡成為年輕人想要居住的地方，他們帶來新的音樂、藝術、技術和許多之前不存在的街坊。華盛頓的故事已在世界各地數不清的大都會地區複製，從芝加哥、舊金山、倫敦到柏林都是如此。

多元性也對恢復能力至關重要。環境生物學家指出人工栽培的單一作物往往極易受到疾病侵害，因為種群缺乏基因多樣性。確實，基因多樣性是演化本身的原動力——演化的基礎是基因差異與適應。專家之所以對全球物種喪失多元性憂心忡忡，是因為這會威脅長期的生物恢復力。

最後，是我們在前幾章探討過的，個人尋求身分認同的事。人們常抗拒被較大的文化同質化，尤其如果自己並非生於那種文化之中的話。他們希望特別的自己被承認、被頌揚，不被壓抑。他們希望覺得與其先人有連結，知道自己來自何方。就算他們已不屬那種文化，仍希望保有正於世界迅速消失的原住民語言，以及會讓人想起早期生活方式的傳統習俗。

另一方面，多元性不是全然有利無弊。敘利亞和阿富汗都是非常多元的地方，但那樣的多元卻滋生暴力與衝突，而非創造力與恢復力。肯亞的多元性加深了族群間的分裂，餵養了一種內向型（inward-looking）的政治貪腐。種族多元性在一次世界大戰前數十年造成奧匈帝國的崩潰；雖然帝國採行自由主義，但其組成民族認為彼此已無法在共有政治架構下一起生活。「世紀末的維也納」是孕育古斯塔夫・馬勒（Gustav Mahler）、霍夫曼斯塔爾（Hugo von Hofmannsthal）和佛洛伊德的熔爐，但當帝國較狹隘的國族認同——塞爾維亞人、保加利亞人、捷克人、德奧人——互不相讓時，該地區便開始週期性地上演暴力與不容異己。[3]

國族認同在這段時期獲得惡名正是因為它開始與一種排外、以種族為基礎的歸屬感扯上關係，也就是俗稱的族群民族主義。這一類的身分認同會迫害非我族類者，並代表住在其他國家的同族人侵犯外國人。但問題不是出在國族認同本身，而是出在那種國族認同採取狹隘、拘泥於種族、不容異己、侵略性和極度不開明的形式。

事情不必非這樣不可。國族認同可以建立在自由民主的政治價值觀，以及能提供締結組織讓多元社群共生共榮的共同經驗上。印度、法國、加拿大和美國都是嘗試這麼做過的例子。基於數個理由，若要維持成功的現代政治秩序，這種包容的國族認同觀念仍不可或缺。

第一個理由是人身安全。缺乏國族認同可能發生的極端是國家崩潰和內戰，一如上述敘利亞或利比亞的例子。除此之外，薄弱的國族認同還會造成其他嚴重的安全問題。大的政治單位比小的政治單位更強大，可以更周全地保護自己。它們更有機會塑造國際環境來符合自己的利益。例如英國，假如蘇格蘭仍是獨立國家，過去幾個世紀，英國就不可能在地緣政治的舞台扮演同樣的角色。西班牙也是如此——假如它最富裕的加泰隆尼亞出走的話。嚴重分裂的國家較弱，這就是為什麼普丁的俄羅斯要暗中支持歐洲各地的獨立運動，並介入美國政治、助長美國政治分裂的原因。[4]

其次，國族認同對施政品質非常重要。好的政府——有效的公共服務和低程度的貪腐——取決政府官員是否將公眾利益置於私利之上。在系統性貪腐的社會，政客和官僚會將公共資源轉移給他們自己的族群、地區、部落、家族、政黨或自己的口袋，因為他們不覺得對社會的整體利益責無旁貸。

這便指向國族認同的第三個功能：促進經濟發展。如果人民不以國家為榮，就不會為國家工作。日本、南韓、中國強大的國族認同培養出熱切聚焦於國家經濟發展而非個人富貴的菁英，特別是在迅速經濟成長初期數十年。這種公眾導向支撐了「發展型國家」（developmental state），而在撒哈拉以南的非洲、中東或拉丁美洲都較為少見。[5] 許多以族群或宗教為根基的身分認同團體都偏好跟自己人做生意，和利用掌握國家權力的機會單單造福自己的群體。這或許對一個剛抵達某個國家的移民社群有幫助，但他們未來的繁榮主要仍取決於他們能否被較大的文化同化。經濟要蓬勃發展，就必須進入最廣大的市場：不論買方或賣方的身分認同為何，交易都會完成——當然，前提是國族認同不會成為對他國實施貿易保護主義的原由。[6]

國族認同的第四個功能是促進廣泛的信任。信任的作用像潤滑劑，能促進經濟交流和政治參與。信任是以俗稱的社會資本為基礎，也就是與他人基於非正式規範及共同價值觀相互合作的能力。身分認同群體固然能促進成員之間的信任，但往往仍只有範圍狹小的內團體（in-group）能運用社會資本。的確，強大的身分認同常損害內團體與外團體之間的信任。社會靠信任而興盛，但要運作良好，就需要最廣泛的信任。[7]

國族認同至關重要的第五個理由是，它能維繫強大的社會安全網來緩和經濟不平等。如果一個社會的成員覺得他們是大家庭的一分子、對彼此極為信任，就很可能支持幫助弱勢家人的社會計畫。從底部支撐北歐強大福利國家的，是同樣強大的國族認同感。相形之下，如果社會分裂成多個利己的社會團體，各團體又覺得彼此沒什麼共通點，便可能陷入爭奪資源的零和競賽。[8]

國族認同的最後一個功能是實現自由民主。自由民主是公民與政府，以及公民與公民之間未言明的契約，依此放棄若干權利換得政府保障其他更基本、更重要的權利。國族認同則是圍繞著這份契約的正當性而建立；如果公民不相信他們是同一政體的一員，這種制度就沒辦法運作了。[9]

但民主政體的品質仰賴的不單是接受民主制度的基本規則。民主政體需要自己的文化來運作。民主政體不會自動產生協議；事實上，民主政體是各種必須和平調解的利益、見解與價值觀的多元集合。民主政體需要商議與辯論，而那唯有在民眾接受某些規定可以說什麼、做什麼的行為規範時，才可能發生。公民常需要為了共同利益而接受他們不喜歡或較不喜歡的結果；包容與相互同情的文化必須凌駕於黨派熱情之上。

身分認同根植於激情，而那會讓我們感受到驕傲、羞恥、憤怒等情緒。我已經提過這可能會如何破壞理性的辯論和商議。反過來說，要是公民沒有某種程度不理性地依戀立憲政府和人類平等的概念、沒有對此產生自豪或愛國的感覺，民主也不可能存活。這樣的依戀會幫助社會走過低潮，光靠理性，可能只會教人知難而退。

已為國族認同招致最艱鉅挑戰的政策議題是外來移民，以及相關的難民問題。兩者合起來，便是歐美民粹民族主義高漲背後的原動力。法國的民族陣線、荷蘭的自由黨、匈牙利的奧班、德國的另類選擇，和英國的脫歐派，都是反移民又反歐盟。但對許多民粹主義者來說，兩者是同一件事：他們憎惡歐盟是因為他們認為歐盟剝奪他們掌控國界的主權。為促進勞工流動和經濟成長，歐盟已在一九八五年建立申根制度，可於多數會員國內免簽證旅行。此外，歐盟已賦予難民一旦進入歐洲便擁有的大量權利，而這些權利不是由各國法院，而是由歐洲人權法院（European Court of Human Rights）執行。*

這項制度如其宣傳，已經起了作用，讓勞動力得以流向可更有效運用的地區，並為受政治迫害的人民提供庇護。但這也導致許多歐盟國家境內在國外出生的人口數量大幅攀升，而這個議題在二〇一四年敘利亞內戰將百萬敘利亞人送入歐洲時，來到緊要關頭。

美國也有類似情況，根據政治學家佐丹・哈吉納（Zoltan Hajnal）和瑪麗莎・阿布拉亞諾（Marisa Abrajano）的資料，移民已大致取代階級和種族成為美國人投票給共和黨候選人的主因。[10]一般相信，非裔美國人在一九六〇年代民權運動後靠向民主黨，促使美國南方投入共和黨懷抱；今天，移民也扮演類似的角色。反對墨西哥及穆斯林移民的聲浪，在川普的競選活動及後來的當選舉足輕重。保守派對移民最主要的埋怨是，現在據估計有一千一百萬到一千兩百萬的無證移民住在美國。如同在歐洲，反移民的政治人物悲嘆國家無法行使節制人潮越過南方邊界的主權。因此，川普允諾在美墨邊界興築「又大又美」的牆。

既然移民數量這麼多，相應的文化變遷這麼大，甚至有些例子前所未有，外來移民會招致反彈著實不令人意外。表2呈現過去六十年一批富裕國家中，在外國出生的民眾數量。今天美國這類人口的比率與一九二〇年代相當：在進入二十

＊申根區與歐盟或歐元區重疊但不完全一致；愛爾蘭和英國等歐盟國家選擇退出，而諸如冰島、挪威等非歐盟國家則被劃進申根區。

世紀前後，曾有一大股移民浪潮湧入美國。

歐美民粹政治人物的共同目標是「奪回我們的國家」。他們主張國族認同的傳統理解正被稀釋和壓制，而禍首正是有不同價值觀和不同文化的新移民，以及抨擊國族認同的思想為種族主義、排除異己的進步左派。

但他們要奪回的是什麼樣的國家呢？美國憲法開宗明義：「我們，美利堅合眾國的人民，為了組織一個更完善的聯邦，樹立正義，保障國內的安寧，建立共同的國防，增進全民福利和確保我們自己及我們後代能安享自由帶來的幸福，乃為美利堅合眾國制定和確立這一部憲法。」憲法明確表示人民至上，合法的政府係源自其意志。但它並未定義人民是誰，個人又是根據什麼樣的基礎被納入民族共同體。

美國憲法的緘默不語引發一些重要的問題：國族認同最初是來自哪裡，要如何定義？「人民」是什麼組成，誰的主權是民主選擇的基礎？是多元文化主義，包括實際與作為意識形態的多元文化主義，削弱了我們共同公民身分的觀念嗎？如果是，有辦法在如此多元的人口，重建對國族認同的共同理解嗎？

美國憲法未能定義誰是美國人，反映了所有民主國家一個更廣泛的問題。政

表2　外國出生者占人口百分比
經濟合作暨發展組織（OECD）部分國家

	1960	1970	1980	1990	2000	2013	2015	2016
澳大利亞	…	…	…	22.769	23.037	27.713	…	…
奧地利	10.57	9.06	9.54	10.33	10.395	16.704	18.2	…
比利時	…	…	…	…	10.328	15.508	16.3	…
加拿大	…	…	…	15.234	17.36	19.993	…	…
丹麥	…	…	…	3.689	5.781	8.478	…	…
芬蘭	…	0.705	0.811	1.27	2.631	5.594	6	…
法國	7.49	8.31	10.64	10.4	10.13	12.04	…	…
德國	…	…	…	…	12.402	12.776	13.3	…
希臘	6.3	10.19	1.798	6.06	10.28	…	…	12.7
匈牙利	…	3.89	3.45	3.35	2.885	4.525	5.1	…
愛爾蘭	2.58	4.41	6.54	6.49	8.665	16.42	16.9	…
義大利	0.915	1.6	1.97	2.52	3.73	9.457	9.7	…
日本	0.56	0.587	0.65	0.871	1.02	…	…	1.4
韓國	0.316	0.42	1.23	0.1	0.321	…	…	2.6
荷蘭	…	2	3.47	8.14	10.143	11.625	12.1	…
紐西蘭	14.08	14.57	15.11	15.56	17.187	22.406	…	…
挪威	…	…	…	…	6.792	13.868	14.9	…
波蘭	…	…	…	7.75	5.6	…	1.6	…
西班牙	0.696	0.95	1.31	2.12	4.891	13.439	12.7	…
瑞典	…	6.55	7.52	9.22	11.314	15.973	17	…
瑞士	…	13.41	16.87	20.73	21.864	28.303	27.9	…
英國	…	5.29	5.96	…	7.925	12.261	13.3	…
美國	…	…	…	7.919	11.024	13.079	13.44	…

資料來源：OECD

治理論家皮耶・馬農（Pierre Manent）指出，多數民主國家都建立在既有的國家上，或說是已充分發展國族認同感、能定義主權人民的社會。但那些國家並非生來民主：德國、法國、英國、荷蘭都是在非民主政權底下，對領土和文化漫長且時而暴力的政治鬥爭的歷史副產品。當這些社會民主化了，其領土範圍和現有人口都被理所當然地視為人民主權的基礎。東亞的日本和韓國也可訴說類似的故事，它們早在民主化的幾百年前就是國家了，因此在向民主敞開政治大門時，無需糾結民族性的議題。[11]

馬農鑑定出現代民主理論裡的一個大缺口。霍布斯、洛克、盧梭、康德、《聯邦論》的作者和彌爾，全都想當然地認定世界是先劃分成國家，而由那些國家構成民主選擇的基礎。但他們沒有提供理論說明為什麼美國和墨西哥要以格蘭河為界、亞爾薩斯該屬於法國還是德國、魁北克該是加拿大的一部分抑或是「獨特社會」、加泰隆尼亞可基於何種正當理由脫離西班牙，或移民的適當比例該是多少。

上述賢哲不建構這樣的理論，自有他人建構。拉加爾德和希特勒都以生物學來界定國家，主張世上現有的國家構成了從遠古以來就存在的種族實體。也有些人認為據說永遠不變的傳承文化是立國基礎。這樣的理論成了二十世紀初期歐洲侵略性民族主義的依據，而其倡導者隨著一九四五年納粹垮台而受挫。

或許可稱作「全球人士」（global cosmopolitan）的人則主張，國族認同和國家主權的概念已經過時，必須被更廣泛的跨國族認同和制度取代。兩種論點支撐著這個學派。首先是經濟和機能方面的論點，認為現今問題的規模是全球性的，因此必須在全球著手。舉凡貿易、投資、反恐、環境、傳染病、毒品、人口販賣和其他許多問題都是如此。國族與國族認同是國際合作的障礙，必須循序漸進，由新一層的跨國規範和組織取代。

第二種論點較偏重理論，係出自國際人權方面的法律。自由民主政體是建立在普世人類平等的前提上，而這樣的平等並非始於，亦非止於國界。一九四八年的《世界人權宣言》（Universal Declaration of Human Rights）成為愈來愈多申明權利為全體人類與生俱有、所有國家皆須尊重的國際法律的基礎。[12]隨著人權法律逐漸演變，國家政府不再僅對本身公民負有責任，也對移民和難民負有責任。有些倡導者甚至認定世人皆有遷徙的權利。[13]

這兩種論點都有某種程度站得住腳，但並未損害國際秩序是圍繞民族國家建立，或民族國家需要適當國族認同的論據。國家已過氣、該由國際實體取代的想法有瑕疵是因為還沒有人能提出好的辦法來建立這種國際實體的民主可問責性。民主機制的運作要仰賴共同的規範、觀念，以及歸根結柢——共同的文化，這些都可存在於民族國家的層級，但不存在於國際。有效的國際合作可以也已經建立在現有國家合作的基礎上。近數十年來，陸續有國家放棄主權的若干層面來保護其國家利益。[14]未來，這類解決許多議題所需的合作協議，可繼續用這種方式處理。

世界各地已有許多國家自願承擔尊重普世人權的責任，這是正確之舉。但所有自由民主國家都建立在國家之上，而國家的司法管轄權受限於領土範圍。沒有國家可承擔無限的責任來保護司法管轄權以外的人民，而如果所有國家都試著這麼做，世界會不會變得更好仍是未知數。雖然國家覺得有收容難民的道德責任，或許也歡迎移民是正確的，但這樣的責任可能要付出高昂的經濟和社會成本，而民主國家需要權衡這些成本與其他優先事項。民主意謂人民當家作主，但如果沒辦法劃定人民是哪些人，人民是不可能落實民主選擇的。

因此，不論國內及國際的政治秩序，皆需仰賴自由民主國家持續存在，且這些國家要有適切的包容性的國族認同。但我們尚未解釋這樣的身分認同在現有民主國家的由來，以及未來可能如何轉變。

注釋

1 See Michela Wrong, *It's Our Turn to Eat: The Story of a Kenyan Whistle-Blower* (New York: HarperPerennial, 2010). See also Fukuyama, *Political Order and Political Decay*, 330-32.

2 Rogers M. Smith, *Political Peoplehood: The Roles of Values, Interests, and Identities* (Chicago: University of Chicago Press, 2015).

3 維也納在一次大戰前的富裕和其崩潰的悲劇，請參閱史蒂芬・茨威格（Stefan Zweig）的尖刻紀錄，《昨天的世界》（*The World of Yesterday*）。

4 在川普總統擁抱普丁之後，有數量驚人的共和黨員開始對俄羅斯抱持贊同的觀點，甚至有一派堅稱他們信任普丁勝過自由派的美國人。共和黨全國委員會（Republican National Committee）的阿拉巴馬州代表保羅・雷諾斯（Paul Reynolds）就被引述：「如果我可以選擇要把我的幸福託付給普丁或《華盛頓郵報》（*Washington Post*），普丁每一次都勝出。」詹姆斯・霍曼（James Hohmann），〈每日202：羅伊・摩爾拒絕讓位，兩共和黨的故事出爐〉（The Daily 202: As Roy Moore Declines to Step Aside: a Tale of Two Republican Parties Emerges），《華盛頓郵報》，二〇一七年十一月十日；札克・波尚（Zack Beauchamp），〈羅伊・摩爾欣賞普丁的品德〉（Roy Moore

Admires Vladimir Putin's Morality），《Vox》，二〇一七年十二月八日。

5 發展迅速的東亞國家固然有貪腐的問題，但程度上一般低於世界其他地方。日本、南韓、新加坡、中國等國家的菁英著眼於國家發展，使「發展型國家」成為可能。雖然有人說這樣的國家也存在於盧安達、衣索比亞等非洲國家或皮諾契特獨裁統治下的智利，但這些國家比較像例外而非通例。請參閱史蒂芬．哈加德（Stephan Haggard），《發展型國家》（*Developmental States*）。

6 See Francis Fukuyama, *Trust: The Social Virtues and the Creation of Prosperity* (New York: Free Press, 1995).

7 Ibid.; Robert D. Putnam, *Bowling Alone: The Collapse and Revival of American Community* (New York: Simon and Schuster, 2000).

8 這個論點出現在克雷格．卡洪（Craig J. Calhoun）〈全球民主的社會團結問題〉（Social Solidarity as a Problem for Cosmopolitan Democracy）一文，刊於班哈比（Seyla Benhabib）、夏皮羅（Ian Shapiro）、佩卓諾維克（Danilo Petranovic）編輯之《身分認同、隸屬與效忠》（*Identities, Affiliations, and Allegiances*）。

9「國族認同是現代自由民主國家的必要條件之一」的古典派論點，是丹華特．魯斯托（Dankwart A. Rustow）在〈民主轉型──趨向動態模式〉（Transitions to Democracy: Toward a Dynamic Model）一文中提出，《比較政治學》（*Comparative Politics*）二（一九七〇）：三三七－六三。

10 Zoltan L. Hajnal and Marisa Abrajano, *White Backlash: Immigration, Race, and American Politics* (Princeton, NJ: Princeton University Press, 2016).

11 Pierre Manent, "Democracy Without Nations?," *Journal of Democracy* 8 (1997): 92-102. *See also Fukuyama, Political Order and Political Decay*, 185-97.

12《世界人權宣言》的緣起，請參見瑪莉・安・格倫登（Mary Ann Glendon），《翻新的世界：艾琳娜・羅斯福與世界人權宣言》（*A World Made New*: *Eleanor Roosevelt and the Universal Declaration of Human Rights*）。

13 Martha C. Nussbaum, *For Love of Country*: *Debating the Limits of Patriotism* (Boston: Beacon Press, 1996); Craig J. Calhoun, "Imagining Solidarity: Cosmopolitanism, Constitutional Patriotism, and the Public Sphere," *Public Culture* 13 (1) (2002): 147–71; Samuel Scheffler, *Boundaries and Allegiances*: *Problems of Justice and Responsibility in Liberal Thought* (Oxford: Oxford University Press, 2000).

14 See Stewart Patrick, *Sovereignty Wars*: *Reconciling America with the World* (Washington, DC: Brookings Institution Press, 2017); Stephen D. Krasner, *Sovereignty*: *Organized Hypocrisy* (Princeton, NJ: Princeton University Press, 1999).

第十三章

民族性的故事

國族認同的理論很難建構，因為現有的國家大多是複雜、混亂，時而殘暴、高壓的歷史鬥爭的副產品。最後形成的國家是可據以創造民主制度的平台，但這樣的結果仍持續被質疑，且不斷遭遇人口、經濟和政治變遷的挑戰。

國族認同是經由四條主要途徑創造出來的。第一條是調動人口，跨過特定國家的政治邊界，無論是將移民送入新的領土、強制驅逐居於特定領土的人民，或乾脆消滅殆盡——或三者皆是。其中第三種方式在一九九〇年代初期巴爾幹戰爭期間被稱作「種族清洗」，而國際社會正確地加以譴責。但種族清洗早在過去就被許多國家使用過了，包括澳洲、紐西蘭、智利和美國等民主國家，移民殘暴地驅趕或殺害其殖民地區的原住民。

第二條途徑是更動邊界，以符合現有語言或文化人口的範圍。這在歷史上曾藉由統一或分離來達成，前者如一八六〇年代及七〇年代義大利和德國的一統，後者如愛爾蘭共和國在一九一九年揮別聯合王國，或烏克蘭在一九九一年宣布脫離前蘇聯獨立。

第三條途徑是同化少數人口，融入現有的種族或語言群體的文化。法國兩百年前還是多語言國家，但久而久之，不同的地方語言如普羅旺斯語、布列塔尼語和法蘭德斯語都逐漸被巴黎法語取代。類似地，搬到阿根廷或美國的移民——他們的子女更有可能——會學西班牙語或英語來嵌入優勢文化、爬上社會階梯。中國明顯的種族同質性——據說有超過九成的人口是漢人——則是三千多年漫長的少數人口文化、生物同化的產物。

第四條途徑是重新塑造國族認同來符合現有的社會特性。與許多民族主義者的觀念相反，「民族」不是遠古以來就存在的生物體，而是社會由下而上，也由上而下建構的產物。建構者可刻意塑造身分認同來符合人民的特性與習慣。一個例子是創建印度的甘地和尼赫魯，他們發展了既有的「印度的理念」，融合印度社會極度多元的人口。[1] 印尼和坦尚尼亞的創建者則有效創造了新的國語來統合高度分歧的社會。[2]

形塑國族認同最力的政策是與公民權和居住有關的規定、針對移民與難民的法律，以及國民教育制度中讓孩子了解國家過往的課程。至於由下而上的過程，「民族性的故事」則由社會的藝術家、音樂家、詩人、電影製作人、史學家和老百姓訴說。他們會描述自己的由來與熱望。

國族營造是如何在民主社會發生的？最生動的例子之一是電影《打不倒的

勇者》（*Invictus*），那訴說一九九五年南非主辦世界盃橄欖球賽（Rugby World Cup）的故事。在一九九〇年代初期掙脫種族隔離的新民主南非，仍因種族和族群嚴重分裂。運動就是裂縫之一：白人打橄欖球，黑人踢足球。該國高瞻遠矚的首任總統尼爾森・曼德拉（Nelson Mandela）了解運動對國家自我意識的重要性，便刻意為主要由白人組成的橄欖球國家隊「跳羚」（Springboks）尋求黑人人口的支持。他不顧本身非洲民族議會（African National Congress）黨的反對，執意這麼做。他無法強迫追隨者接受，必須連哄帶勸。此舉幫助跳羚贏得冠軍。他們打敗了強大的紐西蘭黑衫軍——這支球隊本身也運用了一點國族營造：每一場比賽前都會跳毛利人的戰舞「哈卡」（haka）。

這四條途徑都可能平和、有共識地走完，也可能一路有暴力和強制相隨。世上現有的國家都是這四條途徑某種組合的歷史副產品，也運用過某種組合的強制與共識。當代自由民主國家在面對移民和愈趨多元化時所面臨的挑戰，是如何結合第三條與第四條途徑——定義一種切合社會多元現實、具包容性的國族認同，再用那種國族認同同化新移民。在這項任務中涉險的，則是維護自由民主本身。

當代歐洲對國族認同的奮鬥始於歐洲聯盟（European Union）的創建者羅貝

爾・舒曼（Robert Shuman）和讓・莫內（Jean Monnet），他們了解族群排外的國族認同是歐洲經歷兩次世界大戰的根源。[3] 為矯正缺失，他們在一九五一年創立歐洲煤鋼共同體（European Coal and Steel Community），由法國、比利時、西德、義大利、荷蘭和盧森堡組成，旨在一面防止德國重整軍備，一面在這個先前曾整合過、但已被戰爭撕裂的區域促進經貿合作。歷經數個階段，歐洲煤鋼共同體演變成歐洲經濟共同體（European Economic Community），最終蛻變成歐盟，而會員國數量穩定成長到今天的二十八個。

歐洲聯盟的創建者刻意試圖削弱會員國層級的國族認同，屬意「後國族」的歐洲意識，作為二十世紀前半侵略性族群民族主義的解藥。[4] 兩位創建者希望經濟上的相互依存會降低戰爭發生的可能性，而政治合作將接踵而至。他們在許多方面廣獲成功：今天，德國和法國，這兩個世界大戰的死對頭，再次開戰的可能性已微乎其微。一個年輕、通常受過良好教育的歐洲階層現在生於一個會員國，在另一個會員國受教育，和來自第三個國家的對象結婚，在歐盟裡或更遠的多個地點工作。他們仍清楚自己出生的國籍，但他們的人生和整個歐盟綁在一起了。

但「歐洲」這個身分認同，是否比它意欲超越的舊國族認同來得強大，就不得而知了。在歐盟成立之初的數十年，在會員國層級太大聲地頌揚國族認同，在政治上是不被接受的。德國、西班牙等有法西斯過往的國家尤其如此：公民不揮國旗、不唱國歌、不會太大聲為運動國家隊加油。歐洲對他們來說是避難所，但不見得是嚮往的目的地。

但歐盟的領導人並未投入太多心力來建立替代的新身分認同。[5]他們並未創造單一的歐洲公民權；公民權的規定仍是個別會員國的權責範圍。「歐洲旗」和「歐洲之歌」等國家地位的象徵來得太晚，歐盟的多元會員也沒有共通的公民教育。但最重要的失敗在於歐盟本身的民主可問責性。歐盟內最有權力的機構是歐洲聯盟委員會（European Commission），一個非經選舉產生的技術專家團體，主要目的在推動歐洲單一市場。它只能間接透過代表各會員國的部長理事會來對人民負責。直接選舉的歐洲議會（European Parliament）權力相對有限，結果便是無法提升選民的投票率和熱忱。歐洲公民知道他們重要的選票仍是會員國層級的選票，因此主要的能量和情感仍投注在那裡。如此一來，對於管理整個歐洲的機構，他們就幾乎感覺不到責任和掌控權了。

因此，儘管菁英談到歐盟內部「更緊密的聯盟」，事實是，舊國族認同的幽靈仍像晚宴不受歡迎的客人一樣徘徊不去。這在較年長、教育程度較低的選民身上更為顯著，新歐洲提供的流動性對他們沒什麼好處。這些幽靈開始在緊要關頭出現，已對歐盟整體的存續構成威脅。

這樣的威脅鮮明地反映在歐元危機上：這種一九九九年開始發行的貨幣允許希臘在繁榮的二〇〇〇年代大肆借款。德國人原本非常願意資助本身沒那麼富裕的同胞，但當希臘人眼看要拖欠不還時，他們並不想對希臘人那麼慷慨。確實，希臘在儲蓄、舉債和公部門恩庇等做法上都跟德國截然不同。在歐洲中央銀行（European Central）和國際貨幣基金（International Monetary Fund）等國際機構的幫助下，身為希臘主要債權人的柏林要求雅典嚴格實行撙節措施，而此情況維持至今。歐元危機暴露出歐元區北部和南部會員國之間有條深深的裂縫，今天，雙方都遠比危機爆發前清楚彼此的國情差異了。

但更重大的衝突是在和移民、難民有關的問題上浮現。外國出生的居民人數之所以在一九九〇及二〇〇〇年代開始急遽增加，有好幾個原因。首先，來自以穆斯林為主要人口的國家如土耳其、巴基斯坦、摩洛哥的外籍勞工，並未如當初預期那樣返鄉；反之，他們攜家帶眷，開始在接納他們的國家定居。歐盟在冷戰結束後戲劇性擴張，也為從東歐到西歐的大量移民敞開大門，這情況與經濟理論相吻合：因為工人會去較富裕的國家尋找工作機會。

在歐洲，來自穆斯林國家的移民向來比來自歐盟其他地方的移民有爭議。理由很複雜。在某些例子是單純的種族主義、仇外和文化偏見。其他人擔心新移民不會「融入」主方社會。很多人指控移民及其子女住在自我封閉的社區，住了好幾年還不學國語。

這些恐懼在九一一紐約世貿中心攻擊事件及隨後蓋達組織在倫敦及馬德里的一連串類似行動後更加鮮明。這些事件在許多歐洲國家引發激烈的國族認同辯論，因為恐怖分子往往來自他們自己的社會。荷蘭尤其如此——它是穆斯林移民人口比例最高的歐洲國家之一。爭議始於已公開同性戀傾向的政治人物皮姆·佛杜恩（Pim Fortuyn）主張斷絕穆斯林移民，因為穆斯林不包容像他這樣的人，不會融入荷蘭寬容的文化。佛杜恩在二〇〇二年五月於一家電台外遇刺身亡，凶手不是穆斯林，而是一位動物權人士。但二〇〇四年，荷蘭電影製作人西奧·梵谷（Theo van Gogh）遭摩洛哥裔的荷蘭公民穆罕默德·布耶里（Mohammed Bouyeri）殺害，起因是他覺得梵谷的其中一部電影不尊重伊斯蘭，令他憤怒。

敘利亞內戰後，伊斯蘭國於敘利亞和伊拉克建立，繼而在歐洲掀起另一波暴力，包括二〇一五年元月在巴黎的《查理週刊》（*Charlie Hebdo*）總部槍擊案、同年造成一百三十人死亡的巴塔克蘭劇院（Bataclan）襲擊案、二〇一六年三月布魯塞爾機場連環爆炸案，以及在柏林、倫敦、尼斯和紐約市利用卡車殘殺行人的攻擊事件。已有一大群穆斯林因敘利亞的衝突，以及激進派鼓吹者在網路上的招募，變得偏激了。

這些攻擊會讓人注意到公民身分與國族認同，正是因為許多攻擊者既是他們攻擊的那個國家的公民，也是移民第二代。事情變得明朗：許多歐洲國家正在收留愈來愈多怒氣填膺而不會充分融入主方社會的移民人口，且其中一小部分似乎真的對那些社會信奉的價值觀抱持深深的仇恨。

國族認同早期面臨的挑戰似乎沒那麼嚴重。某種意義上，多元文化主義是萌生於加拿大——魁北克的法語人口希望有合法權利來在一個英語人口主宰的大陸保障他們的語言和教育。一九八七年協商的《密契湖協定》（Meech Lake Accord）意在修訂加拿大憲法來保障魁北克省為「獨特社會」。該協定備受爭議，正是因為它建構出一種不平等的群體承認形式：法裔加拿大人被賦予英語人口未享有的語言權利。該協定未獲通過，但加拿大聯邦制度仍繼續透過授權法語人口及移民使用法語來保障魁北克的特別文化權。

穆斯林移民以魁北克民族主義者未試過的方式測試多元文化主義的極限。後者最極端的要求是將加拿大分成兩個國家，但就算國家分裂，也不致對民主價值構成動搖根本的威脅，因為獨立的魁北克仍會是高品質的自由民主國家。真正會受到法語圈文化需求衝擊的是加拿大的語言規範，而那頂多是讓英語人口覺得煩，因為他們這下得學法語和張貼雙語標誌了。

同樣的情況未必適用於某些穆斯林社群的文化信仰和習俗。最極端的例子是穆斯林願意針對同國公民進行恐怖攻擊。公然的暴力越過一道明確的門檻而不見容於任何社會。其他的作為就比較複雜了。許多穆斯林家庭會替女兒安排親事，可能牴觸年輕女性自己選擇伴侶的權利；有些違抗父母之命者甚至成為榮譽處決（honor killings）的目標。在同志婚姻於歐洲各地如野火燎原之際，許多嚴守教義的穆斯林反對同性戀。穆斯林團體以尊重文化之名要求差別待遇：允許他們隔離婦女和女孩，或禁止女性由男性醫護人員治療。還有在激烈的以巴衝突後，許多穆斯林表現出反猶太的態度——歐洲自二次世界大戰尾聲就戒慎壓抑的情緒。

二〇〇〇年代，歐洲各地開始對公民權、移民和國族認同進行激烈的辯論。公民身分是條雙向道：它賦予公民享有國家保障的權利，但也囑咐他們責任，最重要的是忠於國家原則和法律的責任。這是特別令人頭疼的議題，因為許多歐洲國家都有龐大的福利支出：有人強烈反對提供這樣的福利給似乎不接受社會契約基本條件的移民。有人擔心不同於早期移民團體，穆斯林可能永遠不會充分融入歐洲國家的文化。諸如法國的民族陣線、丹麥的丹麥人民黨（Danish People's Party）和荷蘭的自由黨都獲得支持而逼迫主流政黨採納他們的要求。

於是，許多歐洲國家開始重新思考其公民法，也就是可讓移民成為社會正式成員的根據。無法同化移民並非單行道：許多歐洲民主國家的公民身分不易取得。公民權可在出生時依屬地（jus soli）和屬人主義（jus sanguinis）授予，或在出生後透過歸化來取得。屬地主義指任何生在該國領土的人皆自動成為公民；屬人主義的公民權則視血統而定。[6] 美國一直走屬地主義，但要到一八六八年才藉由通過憲法第十四條修正案而落實於所有種族：「所有在美利堅合眾國出生或歸化，且受此地管轄的人民，皆為美利堅合眾國及其所居住之州的公民。」類似的規則也適用於澳洲和加拿大等對於移民態度相對開放的國家。[7]

轉到歐洲，法國人長久以來都從政治和領土的角度看待公民權；雖然技術上實行屬人主義，但其相對容易的歸化條件允許第二及第三代移民幾乎自動取得公民身分。[8] 傳統上法國國籍被定義為效忠於共和、法國語言和法國教育；塞內加爾詩人利奧波德·桑戈爾因為對法國文學貢獻良多，在一九八三年獲准進入聲譽卓著的法蘭西學術院（Académie Française）。

相反地，德國、奧地利和瑞士（以及日本、南韓等亞洲民主國家）向來以血統作為公民身分的基礎，且讓歸化難上加難。在德國法律於二〇〇〇年稍微自由化之前，土耳其或其他中東國家移民的第二、第三代子女，就算德語說得再流利，仍要備極艱辛才能取得公民身分。反觀來自前蘇聯及東歐集團的德意志族人，只要證明有德意志血統就可歸化，就算完全不會說德語也無妨。[9] 日本的公民及歸化制度，是所有已發展民主國家中數一數二嚴格的，對移民的限制也最苛，結果日本便是經濟合作暨發展組織的國家中最不多元的之一。[10]

歐洲各國從二〇〇〇年代開始改革國內的公民法律。[11] 在某些方面，這樣的變革有助於社會融合，脫離屬人主義、建立一套可行的歸化標準給渴望入籍的移民。新的公民被指望具備國家歷史的知識、理解其政治制度、會說國家語言到某種精熟的程度。但在某些例子，這樣的條件又太苛刻，看來意在排斥而非接納。例如德國的巴登—符騰堡邦（Baden-Württemberg）就接納同志婚姻為取得公民身分的條件，對照當地保守的天主教傳統，這是頗奇怪的條件。[12]

除了正式的公民權規定，公然的種族歧視和其他較微妙的文化藩籬也會阻礙同化。[13]諸如**德國的**（German）、**荷蘭的**（Dutch）和**丹麥的**（Danish）等形容詞向來有種族意涵。生於瓜地馬拉或韓國而遷入美國的移民，從入籍宣誓的那一刻就可驕傲地聲明自己是美國人，但土耳其裔的德國公民要說自己是德國人就困難多了，就算他們生在德國、以德語為母語。荷蘭是出了名的包容，但那樣的包容是圍繞著平行的社群，而非個人層級的整合而建立。在「柱狀化」（pillarization；*Verzuiling*）的社會結構下，新教、天主教和世俗的社群多年來都保有自己的學校、報紙和政黨。當穆斯林開始大量湧入，他們常被導入自己的「柱子」裡，上只有其他穆斯林兒童的學校。自古以來，荷蘭的制度在維持分歧社會和睦方面成效良好，但到了二十一世紀，它卻成了同化來自迥異文化移民的阻礙。

歐盟的新東歐會員國又比創始國更不願接受不同文化的新移民。蘇維埃在一九四五年後占領這個區域並實施共產主義，凍結了這裡的社會及政治發展。不同於西德或西班牙，他們並未被迫和其民族主義的過往角力，也沒有努力將自由的價值觀深植於公民心中。他們幾乎沒有處理移民的經驗，是已發展世界中最不多元的社會。一九八九年後他們高興地甩掉共產主義、衝進歐盟，但許多公民仍未信奉體現於新歐洲的積極自由價值觀。於是，匈牙利的奧班可以宣稱匈牙利的國族認同是立基於匈牙利民族，就像當初希特勒宣稱德意志的身分認同是立基於德意志血統一樣。布魯塞爾之所以被許多新東歐領導人視為威脅，主要是因為它敞開大門，讓來自中東和非洲的無限量移民長驅直入。

另一個從來沒有完全接受「歐洲」這種身分認同的歐盟會員國，是不列顛。長久以來英國都是疑歐聲浪最大的歐盟核心國家，保守黨的幾大重要派系和諸如奈傑・法拉吉（Nigel Farage）領導的英國獨立黨（UK Independence Party）等新團體，都不認同歐盟。[14] 英國在二〇一六年六月出乎意料的脫歐投票，預計會帶來經濟浩劫，但對許多脫歐選民來說，這是身分認同而非經濟議題。從英國身分認同的歷史淵源來看，這種投票結果是可以理解的。

英國的疑歐論深植於長久的英國特殊論（exceptionalism）。英國曾於一〇六六年被一個法國王朝征服，往後數百年的歷史就與歐洲糾纏不清。但當亨利八世在十六世紀初與教宗分道揚鑣、另創英國國教後，獨特的英國認同感便開始生根。據史學家艾倫．史密斯（Alan Smith）的說法：

國族認同和獨特的感覺持續滋長，在伊莉莎白統治時達到巔峰，並由英國文學最具影響力的作品之一賦予經典的表述。約翰．佛克塞（John Foxe）的《行傳與見證》（*The Acts and Monuments*）……響亮陳述了這個理論：新教的英國是上帝「選定的國家」，優於歐陸被奴役的天主教徒，且完全獨立於君主之外的所有權威……那就是英格蘭及後來不列顛國家地位的理論，一直盛行到一九七〇年代歐洲共同體再次要英國服從外來權威的決策為止。[15]

在打敗西班牙艦隊和十七世紀隨內戰發生政治鬥爭、建立國會主權後，這種與歐洲分離的感覺又加深了。辛苦掙來的主權不是容易放棄的東西：照英國脫歐人士的論調，歐洲大陸仍被奴役，只是這一次奴役他們的不是教宗或皇帝，而是歐盟。

委婉地說，今日歐洲的國族認同是混淆的。歐盟支持者並未成功建立強大的泛歐洲認同來超越對會員國本身的認同。那些國族認同是頑強的，且各自有極大的差異，有些相對開放、可包容多元人口，例如法國的國族認同；有些則刻意設下移民同化的障礙，例如匈牙利支持的國族認同。對這個區域構成威脅的與其說是移民，不如說是移民和文化分歧引發的政治反應。被召喚的反移民、反歐盟惡魔往往極度不自由、可能損害這個區域的繁榮倚靠的開放性政治秩序。要處理這種強烈的反應，仰賴的不是摒棄身分認同本身，而是要審慎塑造能提升民主、開放共同體意識的國族認同。

相較於多數歐洲國家，美國處理移民的經驗更久，也發展出更適合同化新移民的國族認同。但這種身分認同是長期政治鬥爭的產物，到今天仍未塵埃落定。而自二〇一六年川普當選總統以來，更遭到一些人嚴厲地質疑。

川普的競選活動主要圍繞著反對移民打轉，特別是來自墨西哥和穆斯林世界的移民。一如歐洲志同道合的反移民人士，許多川普的支持者宣稱他們想「奪回他們的國家」，暗示他們的國家不知怎麼遭竊了。二〇一七年在維吉尼亞州夏洛茨維爾舉行的「團結右翼集會」讓新納粹及種族主義團體齊聚一堂高喊「血與土」，並燃起火炬，刻意讓人回憶起民族社會主義。回應這場集會，共和黨參議員班・薩斯（Ben Sasse）在推特上寫：「這些人噁心至極——根本不了解美國。這個信念堅定的（creedal）國家明確反對『血與土』的民族主義。」[16]

薩斯的見解——美國是信念堅定的國家——值得讚賞，特別是在一名總統看似認同那場集會許多醜惡的觀點，以及其他共和黨政治人物怯懦得不敢批評總統時。但美國的國族認同已經演化許久；信念式的身分認同是在政治鬥爭數十年之後出現，時至今日仍未被全體美國人接受。

在《聯邦論第二篇》（*Federalist No. 2*），約翰・傑伊（John Jay）以下面這段話開啟對於美國憲法提案的辯論：

> 神欣喜地將這個連結的國度賜予一支統一的民族——這支民族來自同樣的祖先、說同樣的語言、信奉同樣的宗教、忠於同樣的政府原則、風俗習慣類似，且透過共同商議、齊心協力，在一場漫長、血淋淋的戰爭並肩作戰，建立了全面的自由與獨立。

請注意傑伊給美國身分所下的定義有多明確、多狹隘。它是基於同樣的宗教（新教）、族群（英國人後裔）、共同的語言（英語）以及對政府共和原則的信仰。就連在革命當時被認為是左翼極端分子的湯瑪斯・潘恩（Thomas Paine）都主張「每個歐洲基督徒」的手足情誼。湯瑪斯・傑佛遜不認為自己跟「蘇格蘭人」有一樣的血統，擔心從歐洲不對的地方來美國的移民會帶來「他們雖已離棄，但已在年少時深植內心的政府原則；或者，就算能拋棄，也會換來無節制的放蕩」。[17]

傑佛遜不是唯一擔心美國性格會因輸入錯誤類型的人而腐化的歷史人物。一八四〇年代大批愛爾蘭天主教徒來美，引發本土論者對天主教義和酗酒的疑慮，最後催生出一九一七年禁酒的憲法第十八條修正案。這個國家的盎格魯薩克遜新教菁英不時擔心德國移民會將其專制的天性帶到美國來。這股恐懼在美國加入一次世界大戰後達到高峰，造成當時許多德裔美國人試圖掩藏其族群傳統。同樣的事情也發生在數百萬東、南歐移民身上，他們在始於一八八〇年代的移民浪潮中抵美，直到一九二四年美國通過《詹森—里德法案》（Johnson-Reed Act），限制各國移入美國的人數才停止。

換言之，宗教和族群是許多美國人如何看待自己的要素。但與這種觀念相互競爭的信念式敘述也有一樣深的歷史根源。法國移民赫克托·聖約翰·德·克雷弗克（Hector St. John de Crèvecoeur）一七八〇年代寫到美國是「自由的庇護所、未來民族的搖籃、悲苦歐洲人的避難處」。喬治·華盛頓對當時的準美利堅合眾國詮釋過這樣的政治理解：這個地方「敞開大門，不僅接納富人和體面的外地人，也接納所有民族、所有宗教裡被壓迫和迫害的人」。前述那位只願和基督徒稱兄道弟的湯瑪斯·潘恩，也在其他地方認為美國是由「不同國家、不同語言的人民」所組成，而對這些人民來說，「只要透過將政府建立於社會及人權的原則上，一切難題都可迎刃而解，所有分歧終將化為真摯的和諧」。[18] 這些見解最終構成裝飾美國國徽的格言：「*Novus ordo seclorum*」（新時代秩序）和「*E pluribus unum*」（合眾為一）。

根本上，美國南北戰爭就是美國國族認同之戰。南方各州透過排除非白人的公民權，明確將身分認同連上種族。史蒂芬·道格拉斯（Stephen Douglas）引用立憲原則主張：各州的民主多數有權透過表決，遂其所願地實施或廢除奴隸制度，聯邦政府無權干涉。相反地，亞伯拉罕·林肯不訴諸憲法而訴諸《獨立宣言》，後者申明「人人生而平等」。在他與道格拉斯的辯論中，林肯主張平等原則高於各州權利；各州的民主多數不能縮減州民的基本權利。雖然林肯是因主張維護聯邦（Union，即美利堅合眾國）而將國家帶入戰爭，但他從一開始就了解真正的議題是蓄奴和蓄奴對立國平等原則構成的威脅。*這種對身分認同更廣泛的理解方式，就是他在蓋茲堡演說（Gettysburg Address）中提到的「自由的新生」（**new birth of freedom**）。[19]

南方在南北戰爭落敗，使美國民族性的觀念經由憲法第十三、十四、十五條修正案拓展開來：第十三條修正案廢除奴隸制度；第十四條修正案給公民身分下了定義，包含所有在美國領土出生或歸化的人民（屬地主義），並賦予他們採取正當法律程序的平等權利；第十五條修正案禁止基於種族、膚色或先前的奴役情況而拒絕授予投票權。可恥的是，這些修正案的承諾到百年後的民權時代仍未實現，甚至到今天還受到威脅：總有人想方設法企圖縮減少數選民的選舉權。但國族認同不以種族為基礎的原則，以及聯邦政府執行美國人根本權利的權力，都表達得非常明確。那已成為多數美國人看待自己的方式。

到二十世紀中，美國的實際多元性讓美國民族性無論從宗教或種族上都不可能定義。經過二十世紀初的移民潮，在外國出生的美國人占總人口的比率已升至一五%。其中有太多人和子女不屬於傳統的宗教和種族類別，讓政治人物再也不能說美國是「基督」或「盎格魯薩克遜」的國家。在約翰．傑伊提到的四大民族性特徵——共同的宗教、共同的族群、共同的語言、對政府普遍原則的共同支持——中，只有後面兩個，語言，以及對民主政府的忠誠，依然如故。*這便是薩斯參議員所提出美國國族認同的「信念式」理解。

這種以信念來理解美國身分認同的方式，是延續近兩百年的漫長鬥爭的結果，代表毅然決然和早期基於種族、族群或宗教的身分認同斷絕關係。美國人確實可以這種非常實在的身分認同為傲；它是以人民對立憲、法治、民主可問責性和「人人生而平等」（現已包括所有女性）等一般政治原則的信念為基礎。這些政治概念直接出自啟蒙時代，是唯一可能促使一個已變得實際多元之現代民主政

---

* 如林肯在他第二次就職演說中指出：「總人口有八分之一是有色的奴隸，並非廣布於聯邦，而是集中在南部地區。這些奴隸構成一種獨特、強大的利益。大家都知道，這種利益某種程度上就是戰爭的起因。」

* 英語仍是美國國族認同重要的整合性特徵，這就是公立學校的雙語和多語教學備受爭議的原因。

體團結一致的基礎。

左右兩翼正逐漸實踐的身分認同政治之所以引發深切的問題，正是因為它回到基於種族、族群、宗教等固定特性的身分認同，而那些理解方式，可是花了極大的代價才擊沉的。

在左翼，狹義身分認同政治的支持者聲稱美國的身分認同就是它的多元性，或者說，我們是由我們的多元性以某種方式聯合起來的。其他人則主張美國太多元而無法擁有國族認同，而我們根本無須擔心。對照最近形成的民粹式身分認同，不難理解為什麼人們會重新把多元視為美德。說美國是多元社會沒有錯，但多元無法作為身分認同本身的基礎；那就好比說我們的身分認同是沒有身分認同；或者更確切地說，我們該習慣我們毫無共通點的事實，改而強調我們狹隘的族群或種族身分認同。

在右翼，有人已退回早期基於種族和宗教的身分認同版本。前共和黨副總統候選人莎拉．裴琳（Sarah Palin）曾形容「真正的美國人」是小鎮和鄉村地區的居民，這刻意排除了美國城市的多元人口。川普將此觀點帶至新高，喚醒一種民粹民族主義的醜陋形式，重新主張用種族或宗教來理解國家。如他在二〇一六年一場競選活動中所言，「唯一重要的事情是人民的一體」，因為「其他人什麼都不是」。[20]這實際上暗示「真正的人民」會驅逐或以某種方式強制排除「其他人」參與公民生活——這可不是國家統一的公式，而是內戰的公式。

許多現代民主理論家都主張，被動接受民主信條不足以讓民主制度運作。民主政體需要公民有某些正面的品德。亞歷西斯·德·托克維爾（Alexis de Tocqueville）尤其警告民主社會的民眾會碰到那種向內聚焦、僅在意自己和家人福祉的誘惑。據他表示，成功的民主政體需要公民愛國、有見地、積極主動、具公共精神、願意參與公共事務。在這個極化的時代，或許還要加上他們該敞開心胸、包容其他觀點、願意為了民主共識而放棄堅持。

只有少數當代政治思想家主張，美國能作為成功的國家，不僅仰賴民眾能稍微從信念的角度來理解身分認同，也仰賴特定的文化規範與美德，杭亭頓是其中之一。他在最後一本著作《我們是誰？》（*Who Are We?*）中提出這個著名的問題：「如果在十七、十八世紀時，美國不是由英國新教徒，而是由法國、西班牙或葡萄牙的天主教徒殖民，美國還會是今天的美國嗎？答案是否定的。它不會成為美國；而會成為魁北克、墨西哥或巴西。」[21]他認為他所謂的盎格魯─新教文化是美國身分認同的要素，美國文化是建立在新教的工作倫理之上。

杭亭頓以往被指責為種族主義者，最近更被斥為川普在學術界的前導者。[22]但一旦正確理解杭亭頓的論據，就算你不同意他對移民政策開出的處方，也不會拿種族主義指控他。

杭亭頓並非主張美國的國族認同是盎格魯新教徒，如果那意味著只有盎格魯撒克遜的新教徒有資格當美國人的話。他說的是，來到美國的盎格魯新教徒移民，帶來一種對國家後續民主發展至關重要的文化。重要的是文化，而不是參與者的族群或宗教身分認同。在我看來，他的觀點無疑是真確的。

杭亭頓強調的文化要素之一是「新教」工作倫理。從經驗來看，美國人工作得確實比世界其他許多地方的人民勤奮——比不上許多亞洲人，但一定比多數歐洲人勤奮。[23]這種工作倫理的歷史淵源或許真的在早期移民的清教主義，但現今在美國有哪些人努力工作呢？可能是韓裔雜貨店老闆、衣索比亞裔的計程車司機、墨西哥裔的園丁，或靠鄉村俱樂部分紅維生的盎格魯新教徒後代。儘管我們了解這種文化的歷史根源，我們也必須認清，這種文化已脫離其特定的族群宗教起源，成為所有美國人的共同特性。

杭亭頓擔心墨西哥移民終究不會採用盎格魯新教徒的價值觀和習慣，在我看來是多慮了。從經驗來看，這樣的煩惱似乎已過全盛時期。至於他憂慮的另一件事——當代對於多元文化主義和身分認同政治的理解，可能會為同化樹起不必要的障礙，先前幾代的移民並未碰到的障礙——就比較有道理了。

問題不在於美國人該不該退回從族群和宗教來理解身分認同的方式。美國當前的命運——任何文化多元的民主政體都想熬過去的命運——是成為信念式的國家。但那也需要理解民主運作所需的美德——不限特定群體。今天，將身分認同連上種族、族群或宗教是不對的，正確的說法是，在一個運作健全的民主國家，國族認同需要的不只是被動地接受某種信念。那需要公民身分，以及實踐某些美德。信念式的身分認同是必要而非充要的成功條件。

注釋

1 這個論點是蘇尼爾・基爾納尼（Sunil Khilnani）在《印度的理念》（*The Idea of India*）一書中提出。

2 這個故事在福山的《政治秩序的起源（下卷）：從工業革命到民主全球化的政治秩序與政治衰敗》一書中有敘述。

3 這一段是我的拉特西斯演說〈歐洲身分認同的挑戰〉為基礎。

4 這個觀點的理論由哈伯馬斯（Jürgen Habermas）概述；請參閱哈伯馬斯，《後民族格局：政治論文集》（*The Postnational Constellation: Political Essays*）；〈公民身分與國家認同——歐洲未來的反思〉，《普拉塞斯國際》（*Praxis International*）一二（一）（一九九三）：一—一九。亦請參閱吉亞・諾迪亞（Ghia Nodia），〈後民族幻象的終結〉（The End of the Postnational Illusion），《民主期刊》二八（二〇一七）：五—一九。

5 關於歐盟的國族認同，請參閱凱絲琳・麥克納馬拉（Kathleen R. McNamara），《日常歐洲的政治：建構歐盟的權威》（*The Politics of Everyday Europe: Constructing Authority in the European Union*）。

6 T. Alexander Aleinikoff and Douglas B. Klusmeyer, eds., *From Migrants to Citizens: Membership in a Changing World* (Washington, DC: Carnegie Endowment for International Peace, 2000), 1–21; Gerhard Casper, "The Concept of National Citizenship in the Contemporary World: Identity or Volition?" (Hamburg, Germany: Bucerius Law School, 2008).

7 Aleinikoff and Klusmeyer, *From Migrants to Citizens*, 32-118.

8 Rogers Brubaker, *Citizenship and Nationhood in France and Germany* (Cambridge, MA: Harvard University Press, 1992).

9 Marc Morje Howard, *The Politics of Citizenship in Europe* (New York: Cambridge University Press, 2009), 119-34; Nergis Canefe, "Citizens v. Permanent Guests: Cultural Memory and Citizenship Laws in a Reunified Germany," *Citizenship Studies* 2 (3) (1998): 519-44.

10 Chikako Kashiwazaki, "Citizenship in Japan: Legal Practice and Contemporary Development," in Aleinikoff and Klusmeyer, *From Migrants to Citizens*.

11 莎拉・古德曼（Sara W. Goodman），〈鞏固公民權——西歐平民融合的政策策略〉（Fortifying Citizenship: Policy Strategies for Civic Integration in Western Europe），《世界政治》六四（四）（二〇一二）：六五九－九八；羅伯特・萊肯（Robert Leiken），《歐洲憤怒的穆斯林：第二代的反叛》（*Europe's Angry Muslims: The Revolt of the Second Generation*）。依照近來法國恐怖攻擊的情況來看，現今他的一些結論似乎有點過時。

12 "Discussion Guide for the Naturalization Authorities—Status 01.09.2005," Country Commissioner for Data Protection Baden-Wurttemberg. September 1, 2005, https://www.baden-wuerttemberg.datenschutz.de/gesprachsleitfaden-fur-die-einburgerungsbehorden-stand-01-09-2005/. See also Simon McMahon, *Developments in the Theory and Practice of Citizenship* (Newcastle upon Tyne, U.K.: Cambridge Scholars, 2012), 29ff.

13 法國穆斯林所遇偏見的實徵證據，請參閱萊廷（David Laitin）、阿迪達（Claire L. Adida）和瓦爾福（Marie-Anne Valfort）合著之《為什麼基督傳統社會的穆斯林融合會失敗》（*Why Muslim Integration Fails in Christian-Heritage Societies*）。

14 英國獨立黨的歷史請參閱羅伯特・福特（Robert Ford）及馬修・古德溫（Matthew Goodwin）合著之《右翼的反叛》（*Revolt on the Right: Explaining Support for the Radical Right in Britain*）。

15 Alan G. R. Smith, *The Emergence of a Nation-State: The Commonwealth of England*, 1529-1660 (London: Longman, 1984), 89.

16 Tweeted on August 12, 2017.

17 Quoted in Smith, *Political Peoplehood*, 150, 152.

18 同上。潘恩被引用於格哈德・卡斯柏（Gerhard Casper），〈宣誓拋棄效忠〉（*Forswearing Allegiance*），刊載於《公法年報》（*Jahrbuch des öffentlichen rechts der gegenwart*），哈伯爾（Peter Haberle）編輯，頁七〇三。

19 請參閱雷蒙・洛培茲，〈回答另類右派〉（Answering the Alt-Right），《國家事務》（*National Affairs*）三三（二〇一七）。

20 William A. Galston, *Anti-Pluralism: The Populist Threat to Liberal Democracy* (New Haven, CT: Yale University Press, 2018), 39.

21 Samuel P. Huntington, *Who Are We? The Challenges to America's National Identity* (New York: Simon and Schuster, 2004), 59.

22 例如請參閱卡洛斯・羅薩達（Carlos Lozada），〈杭亭頓——預言川普時代的先知〉（Samuel Huntington, a Prophet for the Trump Era），《華盛頓郵報》，二〇一七年七月十八日。

23 根據OECD的資料，美國人每星期平均工作三四・二九小時，歐盟的平均為三三・二三，韓國為三九・七九。但這些平均值包括兼職工作者，這類工作者在美國相對多；美國全職工作者的平均每週工作時數為四十七小時。

第十四章

如何是好？

我們無法擺脫身分認同或身分認同政治。套一句查爾斯・泰勒的說法，身分認同是「我們涉及最強大的道德理念」。而因為那建立在「激情」這種普世一致的人類心理上，它跨越了邊界和文化。這個道德理念告訴我們，我們有不被承認的真實內在自我，暗示整個外在社會可能是錯誤、壓抑的。那會凸顯我們與生俱來、盼望尊嚴獲得承認的要求，並且在得不到這樣的承認時，給我們一種語言表達怨恨。

這種對尊嚴的要求既不可能也不應該消失。這是點燃無數平民抗爭的火星，從法國大革命到突尼西亞不受尊重的街販的抗議都是如此。這些民眾希望被當作成年人對待，希望能影響統治他們的政府。自由民主建立在賦予個人自由平等的權利上，也就是有平等的選擇程度和主體性來決定其集體政治生活。

但就算被平等地承認為一般人類了，許多人仍不滿意。生活在獨裁政府底下時，我們會極度珍視民主國家公民可享受的權利，但民主一經建立，那些權利就被視為理所當然了。不同於他們的爸媽，今天在東歐長大的年輕人沒有經歷過共產主義下的生活，而可能將其享受的自由視為理所當然。這使他們得以著眼於其他物事：不許徹底發揮的潛力，以及他們如何遭受社會規範和周遭制度的壓抑。

另外，作為一個自由民主國家的公民，不代表真的會得到政府或其他公民平等的尊重，而會被依照膚色、性別、出生國、長相、族群或性取向來評斷。每一個人、每一個群體都會以不同的方式遭受不敬的對待，而每一個人、每一個群體都會尋求自己的尊嚴。身分認同政治由此產生自己的動力，使社會依各群體被犧牲的獨特「人生體驗」，分裂成愈來愈小、愈來愈小的群體。

身分認同的混淆儼然成為現代世界生活的一種症狀。現代化意味著不斷的變革和瓦解，以及開拓之前不存在的選擇。它是流動、易變而複雜的。這種流動性大致上是好事；一代接一代，已有數以百萬計的民眾逃離未提供選擇給他們的社會，屬意提供選擇的社會。

但存在於現代自由社會的自由和選擇的餘地，卻也可能讓人民不開心，或失去與其他人類同胞的連結。他們發現自己深深懷念他們認為已經失去，或據說先人曾經擁有的社群和有組織的生活。他們追尋的真實身分認同是能讓他們和他人連結在一起的身分認同。如果有領導人告訴他們，現有的權力結構背叛他們、不尊重他們，而他們所屬重要社群的偉大將再次獲得承認，他們有可能受到蠱惑。

許多現代自由民主國家都來到一個必須做出重要抉擇的關口。他們曾需調和迅速的經濟與社會變遷，並因全球化而變得遠比從前多元。他們已經為先前被主流社會忽略的群體創造了認同的需求。但可想而知，這需要拉低他們取代的那些群體的地位，形成怨恨、反彈的政治。雙方都退回更狹隘的身分認同，便威脅到商議和社會集體行動的可能性。這條路最終會通往國家崩潰與失敗。

但現代身分認同的本質是變化無常。儘管有些人可能說服自己，他們的身分認同是基於生物學、非他們所能掌控，但現代性的狀態正是擁有多重身分認同，會被多種層次的社會互動塑造的身分認同。我們擁有為種族、性別、職場、教育、群聚傾向和民族界定的身分認同。對許多青少年來說，建立身分認同的基礎是他們和朋友聽的特定次音樂類型。

但如果身分認同政治的邏輯是將社會分成更小、只在乎自己的群體，那也可能創造出更廣、更整合的身分認同。你不必否認個人的潛力和人生體驗便能承認他們可能和更廣大的公民圈子有同樣的價值觀和熱望。「*Erlebnis*」可累積成「*Erfahrung*」，人生體驗可能變成平常的經驗。所以，儘管現代世界的我們永遠無法擺脫身分認同政治，我們可以將它導回能更寬廣、讓民主運作更正常的形式：對尊嚴相互尊重。

此時此刻，我們要怎麼將這些抽象的概念轉化為具體的政策呢？我們可以從試著反對那些驅使民眾堅持身分認同的陋習著手，例如警察恣意對少數族群施暴，或工作場所、學校和其他機構裡的性侵害及性騷擾。任何對身分認同政治的評論，都不該暗指這些不是真實、迫切、需要具體解決方案的問題。

除此之外，還有一個更大的議程是將較小的團體整合成較大的整體，以此建立信任和公民權。我們需要發揚以現代民主政體的根本思想為基礎的信念式國族認同，並運用公共政策，謹慎地以那些身分認同同化新移民。自由民主有它自己的文化，我們必須給予它比排斥民主價值觀的文化更高的評價。

過去數十年，歐洲左派改而支持一種多元文化主義的形式，貶低讓移民融入國族文化的重要性。打著反種族主義的旗幟，它刻意忽視那種同化行不通的證據。新的民粹主義右派則懷念正在逝去的民族文化：那種基於族群或宗教，大抵沒有移民或顯著多元性的文化。

在美國，身分認同政治已將左派裂解成一連串身分群體，每個群體都有精力最充沛的政治運動人士。那已經在許多方面與曾是其最大選民的身分群體斷了聯繫：白人勞動階級。這刺激民粹右派的崛起，他們覺得自己的身分認同受到威脅，進而受到一名將個人虛榮與他可以火上加油的憤怒和極化綁在一起的總統煽動。

歐洲的議程必須從重新定義體現於公民權法律的國族認同著手。理想上，歐盟該創造淩駕國家公民法的單一公民身分，而其必要條件是遵循基本的自由民主原則。以往這不可能在政治上實現，現今，隨著民粹政黨在歐洲大陸崛起，又更難以想像。如果歐盟先透過將權力從委員會轉移到議會來將本身民主化，並試著藉由投入歐洲身分認同、創造適當的符號和敘述，並且在共同的教育制度中反覆灌輸來彌補失去的時間，應該會有幫助。這也可能超出一個二十八國聯盟的能力——每一個會員國仍唯恐失去其國家的特權，而準備否定這樣的計畫。因此，不論結果好壞，每一項行動都必須發生在會員國層級。

那些仍以屬人主義為基準的歐盟國家法律必須改為屬地主義，不再優待某個族群。從嚴審理新公民的歸化有絕對的正當性，美國這麼做已經很多年了。在美國，除了要證明已在國內連續居住五年，新的公民也被指望能讀、寫、說基本的英語、理解美國歷史和政府、具有良善的道德品格（意即沒有犯罪紀錄），並展現對美國憲法原則及理念的忠誠。其中最後一點，就是要在歸化時宣誓效忠美利堅合眾國：

我特此宣誓：絕對、完全放棄此前身為外國國民或公民時對任何外國君主、統治者、國家或主權的擁護與忠貞；我將支持並捍衛美利堅合眾國的憲法和法律、對抗國內外所有敵人。我將真摯地信仰及效忠美國憲法和法律；當法律要求，我願為美國從軍戰鬥；當法律要求，我願為美軍從事非戰鬥的服務；當法律要求，我願接受文官指揮為國家進行重要工作；我欣然承擔上述義務，心裡絕無保留或規避之意圖；請上帝保佑。[1]

隨著移民與日俱增，雙重國籍在今天愈來愈普遍。對許多常進出不同國家或在不同國家有家人的民眾而言，擁有多本護照是非常方便的事。但倘若你認真看待國族認同，這種做法會產生問題。不同的國家有不同的身分認同和不同的利益，可能引發相互矛盾的效忠。最明顯的難題涉及軍事：要是某人同為公民的兩個國家開戰，他的忠誠便自動引人質疑。隨著世界多數地區發生戰爭的可能性減低，這或許看似假設的議題，但遺憾的是，我們無法想當然地認為未來不會發生軍事衝突。就算沒有這樣的意外事故，雙重國籍也可能引發嚴重的政治問題。例如二〇一七年的德國選舉，土耳其獨裁總統艾爾段就鼓勵土耳其裔的德國公民投票給符合土耳其利益，而非他們認為對德國最好的政治人物。那些具有兩國公民身分的民眾或許會左右為難，比已發誓拋棄對土耳其忠誠的民眾更難做決定。[2]

除了改變公民身分的正式規定，歐洲各國也需要改變民眾理解國族認同的方式，掙脫以族群為基礎的認同。二〇〇〇年代初，一位名叫巴薩姆・蒂比（Bassam Tibi）的敘利亞裔德國學者提出「*Leitkultur*」，「引導的文化」，為德國國族認同的基礎。[3] 依自由主義啟蒙的詞彙，「*Leitkultur*」可定義為相信平等和民主的價值觀。但他的建議遭到左派抨擊，說他暗示那些價值觀優於其他文化的價值觀；於是在不經意間，左派不僅安慰了伊斯蘭主義者，也撫慰了仍相信族群身分認同的右派。德國需要的就是像「*Leitkultur*」這樣的東西，一種允許土耳其人稱自己為德國人的規範性變革。這已經開始發生，只是進度緩慢。[4]

往後，像是泛歐洲認同這類的東西或許有一天會出現。或許這需要發生在現今歐盟累贅、官僚的決策結構之外。歐洲人已創造出一個他們該引以為傲的卓越文明，一個在容納其他文化民眾的同時，依然明白本身獨特性的文化。

相較於歐洲，美國向來更歡迎移民，因為它很早就基於其漫長的移民史，發展出信念式的身分認同。相較於歐洲人，美國人向來以歸化美國的公民為傲，會舉行隆重的歸化儀式，有樂旗隊和當地政治人物充滿希望的演說助陣。政治學家西摩・馬丁・利普塞特（Seymour Martin Lipset）曾指出，在美國，一個人可能會被指控為「不是真正的美國人」（un-American）——換作在丹麥或日本，同樣的情況，是不會被指控為「不是真正的丹麥人」或「不是真正的日本人」的。美國作風構成一套信仰和一種生活方式，而非族群性；人可能偏離前者，而非後者。

在南北戰爭後出現的信念式國族認同，如今需要再次大聲強調、大力捍衛，抵抗左右兩派的夾擊。右派，新白人民族主義的聲浪想把國家拖回那種以種族、族群或宗教為主的身分認同。當務之急是堅定地將這些觀點斥為「不是真正的美國人」，就像班・薩斯力圖去做的那樣。

左派，身分認同政治試著藉由凸顯犧牲，在一些案例暗示種族歧視、性別歧視和其他系統性排除天生存在於美國的ＤＮＡ，來減損美國民族性故事的正當性。這些一直是，也將持續是美國社會的特色，而現在就必須勇敢正視。但我們也可以採用一種漸進式的說法：以美國的立國原則為基礎來克服障礙、承認更多群體的尊嚴。這種敘述即是林肯所展望的「自由的新生」，也是美國人在林肯創設的節日——感恩節——慶祝的內涵。

儘管美國曾受惠於多元，卻無法以這樣的多元性建立其國族認同。身分認同須與立憲精神、法治和人類的平等密切相關。美國人尊重這些理念；抵制這些理念的人，國家有充分的理由拒絕給予公民權。

一旦國家界定了適當的信念式身分認同、歡迎現代社會的實際多元性，移民爭議的本質就非改變不可了。在歐洲和美國，移民的辯論正在左右兩派之間極化，右邊是試圖完全切斷移民，還想將現有的移民送回出生國，左邊則聲稱自由民主國家有幾乎無限接納移民的義務。真正的焦點應擺在如何以國家的信念式身分認同更妥善地同化移民的策略。同化得宜的移民會為任何社會帶來健康的多元性，充分實現移民之益。同化不良的移民會扯國家後腿，甚至對安全構成危險的威脅。

歐洲人常在嘴巴上強調改善同化的必要，卻未能貫徹有效的同化政策。這方面的改革議程變化多端，因為每個歐洲國家都用迥然不同的方式處理這個問題。許多國家實施積極防止融合的政策，例如荷蘭的柱狀化制度。英國和其他一些歐洲國家為穆斯林學校挹注公共資金，就像他們支援基督和猶太學校一樣。這某種程度只是反映移民社區的地域集中情況，並以平等待遇之名實施。但如果目標是同化，這整個結構應該由教授標準化課程的公立學校制度取代。一如在荷蘭，這距離在政治上可行還有一段距離，但倘若國家認真考慮整合的問題，這就是必須採取的途徑。[5]

在法國，問題多少有點不一樣。法國的共和公民概念，與美國的概念類似，是建立在出自法國大革命的自由、平等、博愛理想上。一九〇五年的政教分離法正式把宗教和國家分開，使法國不可能再像英國或荷蘭那樣由公共資助宗教學校。[6]法國的問題是三重的。首先，不管法國人怎麼說，法國社會仍存在相當程度的歧視，阻礙了移民的機會。其次，法國經濟已不振多年，使全國失業率攀升至鄰居德國的兩倍。法國年輕移民的數字更達到三五％，高於法國全體年輕人的二五％。要整合移民，法國非做不可的要事是幫移民找到工作、讓移民對未來更有希望，例如勞力市場自由化，就像艾曼紐．馬克宏（Emmanuel Macron）試著去做的那樣。最後，法國國族認同和法國文化的理念已被抨擊為恐伊斯蘭；而在政治上，同化本身也不見容於許多左派人士。捍衛普世公民權這個共和理想的工作，不該交給像民族陣線這樣的政黨。

在美國，同化的議程要從公共教育開始。長久以來，基本公民與道德的教學在美國日益低下，不僅移民，土生土長的美國人也是如此，這種情況必須扭轉。一如歐洲，美國也有妨礙同化的政策，例如在紐約市公立學校體系教授的十三、四種不同的語言。雙語和多語課程被視為可加快非母語者學會英語的方式來推廣。但那已培養出它自己的選民，且教育官僚只管維護自己的特權，不管英語學習的確切成效如何。[7]

移民的同化或許需要更積極主動的措施。近數十年來，美國和其他已發展民主國家的法院逐漸侵蝕公民和非公民之間的差異。[8] 非公民正當地擁有許多法定權利，包括合法訴訟權、言論、集會、宗教信仰自由，以及諸如教育等一系列國家服務。非公民也要負公民的責任：他們被指望要遵守法律、也要納稅，雖然美國只有公民須履行陪審團義務。有證與無證的非公民之間有顯著的差異，因為後者有可能被驅逐出境，但就連無證者也擁有合法訴訟權。唯一僅透過公民權表達的主要權利是選舉權；另外，公民可自由進出美國，國外旅行時亦可要求美國政府協助。

小歸小，固守這些差異依然重要。基本人權普世一致，但要充分享有國家權力主動給予的權利，是成為國家共同體一分子，並接受共同體規範的報償。投票權尤其重要，因為那賦予個人國家權力的份額。身為人類，我或許擁有公民身分和政治代表（political representation）等抽象權利，但身為美國公民，我不會指望能夠在義大利或迦納投票，就算我住在其中某個國家。

當代自由民主國家不會因為它保障了公民的權利就要求太多回報。國家共同體的觀念或許可透過國民服務的普遍要求來鞏固。這樣的委任會凸顯這個事實：公民身分需要承諾與犧牲來維繫。你可以透過效力軍事或公職來做到這件事。美國的歸化誓詞就闡明了這樣的要求：要宣誓者願意從軍報效國家，或依法律規定出任公職。如果這些服務建構正確，便能強迫年輕人與其他來自不同社會階層、區域、種族和族群的年輕人一起工作，就像今天的國軍一樣。一如所有形式的共同犧牲，這將是一種強而有力、讓新移民融入國家文化的方式。國民服務將成為當代版的古典共和主義，一種鼓勵美德和公益意識，而非僅放任公民追逐私生活的民主形式。

政策面聚焦於同化也表示移民規模和變動率變得重要，對歐洲和美國都是如此。當移民人數相對於在地人口呈現增長，要融入優勢文化便困難得多。移民社群一旦達到某個規模，就會傾向於自給自足而不再需要與外面的群體有所連結。他們可以淹沒公共服務，強迫學校和其他公共機構額外照顧他們。儘管長期而言移民可能對公共財政有正面的淨效應，但前提是移民要有工作，成為納稅的公民或合法的外籍居民。龐大的新移民也可能削弱國家對本土公民福利的支持——這在歐洲和美國的移民辯論中，都是一大要素。

自由民主國家大大受惠於移民，經濟上及文化上皆是如此。但自由民主國家無疑有權控制國界。民主政治制度是以政府和公民的契約為基礎，雙方皆有其義務。沒有定義公民權、行使選舉權，這樣的契約就沒有意義可言。所有人民都有成為公民的基本人權，據《世界人權宣言》，這是不能任意取走的權利。但那不代表人民有權成為任一國家的公民。此外，國際法也不會挑戰國家控制邊界或為公民權設立標準的權利。[9] 國家應給予難民同情、同理與支持，但一如所有道德義務，這樣的義務必須與其他務實的考量相調和，例如資源短缺、其他優先事項，以及政府能否永續支持難民計畫等等。

對歐洲來說，這代表歐盟全體需要比現在更妥善地掌控外部邊界，也就是說，要給義大利和希臘等國家實質的幫助和更大的權力來管制進入歐洲的移民潮。目前負責這件事的組織歐洲國際邊界管理署（Frontex）人力不足、資金不足，也未得到最關心阻絕移民的幾個會員國的強力政治支持。不先解決歐洲的外部邊界問題，境內自由行動的申根制度在政治上就難以維繫。

美國的情況多少有點不一樣。長久以來，這個國家在實施移民法方面非常不一貫。移民法並非不可能實施，但這是政治意志的問題。儘管在歐巴馬當政時，被驅逐出境的人數已開始攀升，但這種行動本身就有反覆無常的特性，使政策無法長期維繫。實施移民法不需要邊牆；有很高比例的無證外國人是合法入境，簽證逾期仍滯美未歸。這類規範較合適的執行方式其實是透過雇主處罰制度（employer sanctions），而這需要全國性的自動識別系統，告訴雇主誰是合法居留。這尚未發生是因為太多雇主受惠於移民提供的廉價勞力，不想扮演執法官員的角色。另一個原因是美國民眾與眾不同地反對國民身分證制度——基於對政府的猜忌，左右兩派都是如此。

於是，目前美國境內約有一千一百到一千兩百萬無證外國人。其中絕大部分都來美國很多年，正從事有益的工作、撫養家庭，在其他方面猶如守法的公民。

有人認為他們違反美國入境法律所以統統是罪犯，這種想法荒謬可笑，雖然他們之中確實有人是罪犯，就像土生土長的人口一樣。認為美國一定可以強迫這些人離開美國、回到出生國，也是荒唐的想法。這等規模的計畫足以和史達林的蘇聯或納粹德國媲美。

因此，移民改革能否達成基本協議的問題，已經存在好一段時間了。政府應嚴格執行控管邊界的措施，來換取民眾同意給無犯罪紀錄的無證外國人一條成為合法公民的路。[10]這樣的協議或許真能得到多數美國大眾的支持，但強硬派的反移民人士堅決反對任何形式的「特赦」，支持移民的群體則反對更嚴格地執行現有規範。美國政治體系的極化和失能已讓這樣的協議多年難成。我曾在其他地方稱這種例子為美國的否決體制（vetocracy）——少數人的意見可輕易阻擋多數人的共識。[11]

如果美國是真心想同化移民，就必須照上面概述的方針改革其移民制度。取得美國公民權和宣誓歸化是同化關鍵、深刻的指標。有人反對說，給無證外國人成為公民的路走，無非是獎勵他們違反美國法律、允許他們插隊，無視後面還有大批尋求歸化的合法外籍人士。公共服務的需求或許能緩和這些顧慮。因為抱持這樣的幻想——目前平靜地住在美國而有生產力的無證外國人終將被遣返回出生地——這個國家正為同化樹立不必要的障礙。在此同時，若美國仍無法貫徹現有的法律，這個問題勢必會延續下去。

著眼於成功同化外國人的公共政策，或許可以挫一挫目前歐美民粹主義的銳氣。大聲反對移民的新群體其實結合了不同顧慮的民眾。強硬派是受種族主義與偏執驅使，做什麼都很難改變他們的想法。我們不該迎合他們，而該以道德觀點加以反駁。還有些人擔心新移民最終會不會同化。他們比較不在意有沒有移民，而是在意移民的人數、改變的速度，以及現有機構承載那些變革的能力。讓政策聚焦於同化或許能減輕他們的憂慮，使他們和那些冥頑不靈者分道揚鑣。不論能否做到這點，著眼於同化的政策都有益於國家的凝聚。

與移民、難民和公民有關的政策是目前身分認同辯論的核心，但此議題涉及的層面比那廣泛得多。如亞當·斯密所言，身分認同政治根源於一個窮人和被邊緣化者不被同儕看見的世界。對喪失地位的怨恨是從真正的經濟困境開始，而要消除這樣的怨恨，一個辦法是緩和對工作、所得和安全的憂慮。

特別在美國，多數左翼人士早在數十年前就不再考慮以具企圖心的社會政策來矯正窮人的根本困境。談論尊重和尊嚴，比提出可能得耗費鉅資才能具體縮小不平等的計畫來得容易。一個重要的例外是歐巴馬總統，他的「可負擔醫療法案」（Affordable Care Act）是美國社會政策的里程碑。法案的反對者試著給它貼上身分認同的標籤，小聲暗示這個政策是由一名黑人總統設計來幫助他的黑人選民的。但那實為一項全國性政策，旨在幫助所有沒那麼富裕的美國人，不論其種族和身分認同為何。該法案的受惠者甚多，包括南方的白人在內——但他們仍被說服把票投給誓言撤銷該法案的共和黨政治人物。

身分認同政治已使得設計這種雄心勃勃的政策更加困難。二十世紀的大半時間，自由民主國家的政治都繞著各種經濟政策議題打轉。進步左派想保護市井小民不受市場的變幻無常所害，也想運用國家的力量更公平地分配資源。右派則想保護自由企業制度及每個人參與市場交易的能力。共產主義、社會主義、社會民主派、自由派和保守派的政黨占據光譜的從左到右，可透過他們希望政府干預，以及忠於平等或個人自由的程度來判斷位置。這段時間也有重要的身分認同群體，包括主打民族主義、宗教和地域的政黨。不過，從第二次世界大戰結束到現在，民主政治的穩定性是以最主要的中間偏左和中間偏右政黨為軸心：對於民主福利國家的正當性，雙方的意見差不多一致。

這樣的共識現在代表著一個舊體制，而這個舊體制正受到穩固生根於身分認同議題的新政黨強烈質疑。這對民主政治的未來構成巨大的挑戰。儘管二十世紀初期的經濟政策爭論屢屢造成尖銳的極化，但民主國家發現，相反的經濟觀點通常可以折衷妥協。反觀身分認同議題就比較難調解了：你不是承認我，就是不承認我。對於喪失尊嚴或當隱形人的怨恨，固然常有其經濟根源，但身分認同的鬥爭常使我們無法專注於能夠具體矯正那些議題的政策。在諸如美國、南非、印度等有種族、族群和宗教階層的國家，向來更難建立廣大的勞動階級聯盟來為重分配奮鬥，因為地位較高的身分認同群體並不想跟地位不如他們的群體齊心協力，反之亦然。

身分認同政治也得到技術革新推波助瀾。當網際網路於一九九〇年代開始成為大眾傳播的平台，許多觀察家（包括我自己）相信它會成為推廣民主價值的重要助力。資訊是一種力量，如果網際網路能讓大家更容易取得資訊，就應該能更廣泛地散播力量。另外，社群媒體的成長看來尤其可能作為實用的動員工具，讓志趣相投的群體可就共同關心的議題串聯起來。網際網路的點對點（peer-topeer）性質可杜絕各種階級守門員的暴政——他們會決定民眾可獲得哪些性質的資訊。

於是接二連三的反獨裁起義，從喬治亞的玫瑰革命、烏克蘭的橘色革命，到伊朗功敗垂成的綠色革命、突尼西亞起義到埃及的解放廣場暴動，都是由社群媒體和網際網路提供動力。一旦老百姓擁有宣傳政府濫權的技術，政府的運作就難以保密了；要是沒有無所不在的手機和影像錄製，「黑人的命也是命」恐怕無法颳起旋風。

但時間一久，例如中國等獨裁政府已琢磨出如何控管本身人口的網路使用、讓它對政治無害，俄羅斯也學會如何將社群媒體轉變成削弱民主對手力量的武器。[12]但就算沒有這些外來勢力，社群媒體也被身分認同群體玩弄於股掌，成功加快自由社會裂解的速度了。它連結了志同道合的人，掙脫地理位置的束縛。它允許這些人互相交流，把他們鎖在「同溫層」裡，阻絕他們不喜歡的人物和觀點。在多數面對面的社群，相信某種冷僻陰謀論的人數非常有限；在網路上，你可以找到成千上萬名信眾。經由顛覆傳統媒體的編輯、事實查核和專業規範，那加快了惡質資訊的傳播和蓄意誣衊、中傷政敵的舉動。網路的匿名性更讓禮節蕩然無存。那不僅支持社會從身分認同的角度看待自己，更透過網路社群宣揚新的身分認同，就像無數子討論區（subreddit）所做的那樣。

要表達對未來的憂慮，最好的媒介常是小說，特別是基於某種新技術來想像未來世界的科幻小說。在二十世紀前半，許多放眼未來的恐懼都圍繞著規模龐大、中央集權、扼殺個體性和隱私的官僚暴政打轉。喬治・歐威爾（George Orwell）的《一九八四》（*1984*）預見「老大哥」透過電幕（telescreen）掌控個人，阿道斯・赫胥黎（Aldous Huxley）的《美麗新世界》（*Brave New World*）則看到國家運用生物技術給社會分階層並加以控制。但在二十世紀的最後數十年，隨著環境崩壞、失控的病毒站上舞台中央，想像中的反烏托邦本質也開始改變。

其中有個特別的流派提到了身分認同政治引發的焦慮。布魯斯・史特林（Bruce Sterling）、威廉・吉布森（William Gibson）和尼爾・史蒂文森（Neal Stephenson）等賽博龐克（Cyberpunk）作家預見了不是被中央集權獨裁政府，而是由不受控制的社會零碎化主宰的未來，而一種名叫網際網路的新興技術，會助長社會的零碎化。史蒂芬森一九九二年的小說《潰雪》（*Snow Crash*）假設一個無所不在的虛擬「魅他域」（metaverse），個人可在其中任意選擇化身、互動和改變身分。美國裂解成「郊區聚落」（burbclaves），在市郊配合狹隘身分認同的小鄰里，例如「新南非」住了打著邦聯旗幟的種族主義者，「李先生的大香港」住著華人移民。人民要持護照和簽證才可從一個鄰里移動到另一個鄰里。中央情報局已私有化，航空母艦「企業號」成為難民的流動居所。聯邦政府權力縮減到只涵蓋聯邦建築的所在地。[13]

我們現在的世界正同時往兩個相反的方向前進，一是超級中央集權的反烏托邦，一是無止境的零碎化。例如中國正建立龐大的獨裁政權，政府會蒐集每個公民的日常交易數據，並運用大數據的技術和社會信用體系來管控國家人口。另一方面，世界不同地區都有中央機構崩潰、失敗國家出籠、極化、對共同目標愈來愈欠缺共識等情事發生。社群媒體和網際網路已促成封閉式社群的興起，隔離它們的不是實體的障礙，而是對共有身分的信念。

反烏托邦小說美妙的一點是它幾乎永遠不會成真。我們對於當前趨勢會如何愈演愈烈、愈來愈誇張的想像，可作為一種有用的警告：《一九八四》成了我們想避免的那種極權未來的有力象徵，就像幫我們預防接種。我們可以想像更好的居所——那考量了我們社會愈益豐富的多元性，但也提出一個願景：那種多元性可如何適用於共同目標，會支持而非損害自由民主。

身分認同是當今許多政治現象底下的論題，舉凡從新民粹民族運動、伊斯蘭主義的戰士，到大學校園發生的爭議。我們不可能完全不從身分認同的角度看待自己和我們的社會。但我們必須記得，深植我們內心的身分認同既非一成不變，也未必由出生的偶然因素賦予。身分認同可以拿來劃分，但也可以、也已經被用於整合。那最終將是治療現今民粹政治的解藥。

注釋

1 美國公民宣誓誓詞請參考 https://www.uscis.gov/us-citizenship/naturalization-test/naturalization-oath-allegiance-united-states-america。歸化誓詞的歷史請參考卡斯柏〈宣誓拋棄效忠〉，刊載於哈伯爾編輯的《公法年報》。亦請參閱阿萊尼科夫（T. Alexander Aleinikoff）〈原則與政治之間——美國公民政策〉（Between Principles and Politics: US Citizenship Policy），載於阿萊尼科夫及克盧斯邁爾（Klusmeyer）合著之《從移民到公民》（*From Migrants to Citizens*）。

2 違背歸化誓詞，美國也承認雙重國籍。這並非國會刻意為之，而是諸多最終由政治權宜驅動的司法和行政判決所造成。請參閱卡斯柏〈國家公民的概念〉（Concept of National Citizenship）。

3 Bassam Tibi, "Why Can't They Be Democratic?," *Journal of Democracy* 19 (3) (2008): 43-48.

4 類似的情事也發生在其他多元文化社會，而這有時體現在語言上。在實施《一七〇七年合併法案》，即蘇格蘭併入英國後，英格蘭的民眾開始自稱「英國人」（British）而非「英格蘭人」（English），新的「英國人」身分包括威爾斯、蘇格蘭和（當時的）愛爾蘭人。在俄語裡，形容詞「russkiy」意指俄羅斯民族，「rossiyskiy」則指俄羅斯聯邦的公民——可能是車臣的穆斯林或達吉斯坦人。

5 "Muslim Identities and the School System in France and Britain: The Impact of the Political and Institutional Configurations on Islam-Related Education Policies," paper presented for the ECPR General Conference, Pisa, September 2007; Jenny Berglund, *Publicly Funded Islamic Education in Europe and the United States* (Washington, DC: Brookings Institution, 2015); Marie Parker-Johnson, "Equal Access to State Funding: The Case of Muslim Schools in Britain," *Race, Ethnicity and Education* 5 (2010): 273-89.

6 就連在法國也有例外；法國政府支持亞爾薩斯的宗教學校，作為此法、德爭奪地區複雜的歷史傳承之一。

7 雖然有些證據顯示《二二七法案》實施後，移民學習英語的情況有所提升，但仍在二〇一六年被《五九法案》撤銷。

8 Daniel Jacobson, *Rights Across Borders: Immigration and the Decline of Citizenship* (Baltimore, MD: Johns Hopkins University Press, 1996), 8-11.

9 在外國人抵達特定國家領土的那一刻，情況就變了。在美國、歐洲和其他自由民主國家，國內法會賦予非公民權利，包括無證的非公民。這為移民提供強大的誘因，讓他們用盡一切合法與非法的辦法抵達特定國家的領土。這也給予希望控制邊界的國家阻止移民入境的動機，方法包括建築高牆等實體障礙、在公海上查禁，或移交給不適用國內法律的離岸司法管轄區。請參閱卡斯柏，〈宣誓拋棄效忠〉；摩莉亞・巴茲（Moria Paz），〈牆的法律〉（The Law of Walls），《歐洲國際法期刊》（*European Journal of International Law*）二八（二）（二〇一七）：六〇一—二四。

10 這是布魯金斯—杜克移民政策圓桌會議（Brookings-Duke Immigration Policy Roundtable）提出的全面移民改革配套：〈打破移民僵局——從深刻的異議到建設性提案〉（Breaking the Immigration Stalemate: From Deep Disagreements to Constructive Proposals），二〇〇九年十月六日。

11 否決體制指美國的制衡制度准許組織完好的少數群體可否決獲多數人支持的決定。請參閱福山，《政治秩序與政治衰敗》第三十四章。

12 See Juan Pablo Cardenal et al., *Sharp Power: Rising Authoritarian Influence* (Washington, DC: National Endowment for Democracy, December 2017).

13 Neal Stephenson, *Snow Crash* (New York: Bantam Books, 1992).

Books, 1990.
Smith, Alan G. R. *The Emergence of a Nation-State: The Commonwealth of England, 1529–1660*. London: Longman, 1984.
Smith, Rogers M. *Political Peoplehood: The Roles of Values, Interests, and Identities*. Chicago: University of Chicago Press, 2015.
Smith, Rogers M., and Sigal R. Ben-Porath, eds. *Varieties of Sovereignty and Citizenship*. Philadelphia: University of Pennsylvania Press, 2012.
Stern, Fritz. *The Politics of Cultural Despair: A Study in the Rise of German Ideology*. Berkeley: University of California Press, 1974.
Taylor, Charles. *The Ethics of Authenticity*. Cambridge, MA: Harvard University Press, 1992.
——. *Multiculturalism: Examining the Politics of Recognition*. Princeton, NJ: Princeton University Press, 1994.
——. *Sources of the Self: The Making of the Modern Identity*. Cambridge, MA: Harvard University Press, 1989.
Tibi, Bassam. "Why Can't They Be Democratic?" *Journal of Democracy* 19 (3) (2008): 43–48.
Trilling, Lionel. *Sincerity and Authenticity*. Cambridge, MA: Harvard University Press, 1972.
Warren, Rick. *The Purpose Driven Life: What on Earth Am I Here For?* Grand Rapids, MI: Zondervan, 2012.
Wright, Katie. *The Rise of the Therapeutic Society: Psychological Knowledge and the Contradictions of Cultural Change*. Washington, DC: New Academia Publishing, 2010.
Wrong, Michela. *It's Our Turn to Eat: The Story of a Kenyan Whistle-Blower*. New York: HarperPerennial, 2010.
Zaretsky, Robert. "Radicalized Islam, or Islamicized Radicalism?" *Chronicle of Higher Education* 62 (37) (2016).
Zweig, Stefan. *The World of Yesterday*. Lincoln: University of Nebraska Press, 2013.

Boston: Beacon Press, 1996.

Parker-Johnson, Marie. "Equal Access to State Funding: The Case of Muslim Schools in Britain." *Race, Ethnicity, and Education* 5 (2002): 273–89.

Paz, Moria. "The Law of Walls." *European Journal of International Law* 28 (2) (2017): 601–24.

Piketty, Thomas. *Capital in the Twenty-First Century*. Cambridge, MA: Belknap Press, 2014.

Polakow-Suransky, Sasha. *Go Back to Where You Came From: The Backlash Against Immigration and the Fate of Western Democracy*. New York: Nation Books, 2017.

Polsky, Andrew J. *The Rise of the Therapeutic State*. Princeton, NJ: Princeton University Press, 1991.

Putnam, Robert D. *Bowling Alone: The Collapse and Revival of American Community*. New York: Simon and Schuster, 2000.

——. *Our Kids: The American Dream in Crisis*. New York: Simon and Schuster, 2015.

Rieff, Philip. *The Triumph of the Therapeutic: Uses of Faith After Freud*. Chicago: University of Chicago Press, 1966.

Roy, Olivier. "EuroIslam: The Jihad Within?" *National Interest* 71 (2003): 63–74.

——. "France's Oedipal Islamist Complex." *Foreign Policy*, January 7, 2016.

——. "Who Are the New Jihadis?" *Guardian*, April 13, 2017.

Rustow, Dankwart A. "Transitions to Democracy: Toward a Dynamic Model." *Comparative Politics* 2 (1970): 337–63.

Scheffler, Samuel. *Boundaries and Allegiances: Problems of Justice and Responsibility in Liberal Thought*. Oxford: Oxford University Press, 2000.

Schuller, Robert H. Self-Esteem: *The New Reformation*. Waco, TX: Waco Books, 1982.

——. *Success Is Never Ending, Failure Is Never Final: How to Achieve Lasting Success Even in the Most Difficult Times*. New York: Bantam

Princeton University Press, 2017.

Laitin, David, Claire L. Adida, and Marie-Anne Valfort. *Why Muslim Integration Fails in Christian-Heritage Societies*. Cambridge, MA: Harvard University Press, 2016.

Leiken, Robert. *Europe's Angry Muslims: The Revolt of the Second Generation*. Repr. ed. Oxford: Oxford University Press, 2015.

Lilla, Mark. *The Once and Future Liberal: After Identity Politics*. New York: HarperCollins, 2017.

Lindenberger, Herbert. *The History in Literature: On Value, Genre, Institutions*. New York: Columbia University Press, 1990.

Lochocki, Theo. "Germany's Left Is Committing Suicide by Identity Politics." *Foreign Policy*, January 23, 2018.

Lopez, Ramon. "Answering the Alt-Right." *National Affairs* 33 (2017).

Luther, Martin. *Christian Liberty*. Rev. ed. Edited by Harold J. Grimm. Philadelphia: Fortress Press, 1957.

Mann, Thomas E., and Norman J. Ornstein. *It's Even Worse Than It Looks: How the American Constitutional System Collided with the New Politics of Extremism*. New York: Basic Books, 2012.

McMahon, Simon. *Developments in the Theory and Practice of Citizenship*. Newcastle upon Tyne, U.K.: Cambridge Scholars, 2012.

McNamara, Kathleen R. *The Politics of Everyday Europe: Constructing Authority in the European Union*. Oxford: Oxford University Press, 2015.

Milanovic, Branko. *Global Inequality: A New Approach for the Age of Globalization*. Cambridge, MA: Belknap Press, 2016.

Moyn, Samuel. "The Secret History of Constitutional Dignity." *Yale Human Rights and Development Journal* 17 (2) (2014): 39–73.

Murray, Charles. *Coming Apart: The State of White America, 1960–2010*. New York: Crown Forum, 2010.

Nodia, Ghia. "The End of the Postnational Illusion." *Journal of Democracy* 28 (2017): 5–19.

Nussbaum, Martha C. *For Love of Country: Debating the Limits of Patriotism*.

London: Routledge, 2004.

Galston, William A. *Anti-Pluralism: The Populist Threat to Liberal Democracy*. New Haven, CT: Yale University Press, 2018.

Gellner, Ernest. *Nations and Nationalism*. Ithaca, NY: Cornell University Press, 1983.

Glensy, Rex. "The Right to Dignity." *Columbia Human Rights Law Review* 43 (65) (2011): 65–142.

Goodman, Sara W. "Fortifying Citizenship: Policy Strategies for Civic Integration in Western Europe." *World Politics* 64 (4) (2012): 659–98.

Habermas, Jürgen. "Citizenship and National Identity: Some Reflections on the Future of Europe." *Praxis International* 12 (1) (1993): 1–19.

——. *The Postnational Constellation: Political Essays*. Cambridge, MA: MIT Press, 2001.

Haggard, Stephan. *Developmental States*. New York: Cambridge University Press, 2018.

Herder, Johann Gottfried von. *J. G. Herder on Social and Political Culture*. Cambridge: Cambridge University Press, 1969.

——. *Reflections on the Philosophy of the History of Mankind*. Chicago: University of Chicago Press, 1968.

Hochschild, Arlie Russell. *Strangers in Their Own Land: Anger and Mourning on the American Right*. New York: New Press, 2016.

Horowitz, Donald. *Ethnic Groups in Conflict*. Berkeley: University of California Press, 1985.

Howard, Marc Morje. *The Politics of Citizenship in Europe*. New York: Cambridge University Press, 2009.

Huntington, Samuel P. *Who Are We? The Challenges to America's National Identity*. New York: Simon and Schuster, 2004.

Jacobson, David. *Rights Across Borders: Immigration and the Decline of Citizenship*. Baltimore and London: Johns Hopkins University Press, 1996.

Kepel, Gilles. *Terror in France: The Rise of Jihad in the West*. Princeton, NJ:

2013.

Coates, Ta-Nehisi. *Between the World and Me*. New York: Spiegel and Grau, 2015.

Cramer, Katherine J. *The Politics of Resentment: Rural Consciousness and the Rise of Scott Walker*. Chicago: University of Chicago Press, 2016.

Crenshaw, Kimberlé Williams. "Mapping the Margins: Intersectionality, Identity Politics, and Violence Against Women of Color." *Stanford Law Review* 43:1241–99 (July 1991).

DeWaay, Bob. *Redefining Christianity: Understanding the Purpose Driven Movement*. Springfield, MO: 21st Century Press, 2006.

Ford, Robert, and Matthew Goodwin. *Revolt on the Right: Explaining Support for the Radical Right in Britain*. London: Routledge, 2014.

Fukuyama, Francis. "The End of History?" *National Interest* 16 (1989): 3–18.

——. *The End of History and the Last Man*. New York: Free Press, 1992.

——. *The Origins of Political Order: From Prehuman Times to the French Revolution*. New York: Farrar, Straus and Giroux, 2011.

——. "The Populist Surge." *American Interest* 13 (2018): 16–18.

——. *Our Posthuman Future: Consequences of the Biotechnology Revolution*. New York: Farrar, Straus and Giroux, 2001.

——. *Political Order and Political Decay: From the Industrial Revolution to the Globalization of Democracy*. New York: Farrar, Straus and Giroux, 2014.

——. *Trust: The Social Virtues and the Creation of Prosperity*. New York: Free Press, 1995.

Fuller, Robert W. *Dignity for All: How to Create a World Without Rankism*. Oakland, CA: Berrett-Koehler Publishers, 2008.

——. *Somebodies and Nobodies: Overcoming the Abuse of Rank*. Gabriola Island, British Columbia: New Society Publishers, 2003.

Furedi, Frank. "The Therapeutic University." *American Interest* 13 (1) (2017): 55–62.

——. *Therapy Culture: Cultivating Vulnerability in an Uncertain Age*.

引用文獻

Abrajano, Marisa, and Zoltan L. Hajnal. *White Backlash: Immigration, Race, and American Politics*. Princeton, NJ: Princeton University Press, 2016.

Aleinikoff, T. Alexander, and Douglas B. Klusmeyer, eds. *From Migrants to Citizens: Membership in a Changing World*. Washington, DC: Carnegie Endowment for International Peace, 2000.

Barrett, Richard. *Foreign Fighters in Syria*. New York: Soufan Group, 2014.

Beauvoir, Simone de. *The Second Sex*. New York: Alfred A. Knopf, 1953.

Benhabib, Seyla, Ian Shapiro, and Danilo Petranovic, eds. *Identities, Affiliations, and Allegiances*. Cambridge: Cambridge University Press, 2007.

Berglund, Jenny. *Publicly Funded Islamic Education in Europe and the United States*. Washington, DC: Brookings Institution, 2015.

Berman, Sheri. "The Lost Left." *Journal of Democracy* 27 (4) (2016): 69–76.

Bock-Côté, Mathieu. *Le multiculturalisme comme religion politique*. Paris: Les Éditions du Cerf, 2016.

Brubaker, Rogers. *Citizenship and Nationhood in France and Germany*. Cambridge, MA: Harvard University Press, 1992.

Canefe, Nergis. "Citizens v. Permanent Guests: Cultural Memory and Citizenship Laws in a Reunified Germany." *Citizenship Studies* 2 (3) (1998): 519–44.

Casper, Gerhard. "The Concept of National Citizenship in the Contemporary World: Identity or Volition?" Hamburg, Germany: Bucerius Law School, 2008.

——. "Forswearing Allegiance." In *Jahrbuch des öffentlichen Rechts der Gegenwart*, edited by Peter Häberle. Tübingen, Germany: Mohr Siebeck,

NEXT 叢書 0275

身分政治：民粹崛起、民主倒退，認同與尊嚴的鬥爭為何席捲當代世界？

Identity: The Demand for Dignity and the Politics of Resentment

作　者—法蘭西斯・福山（Francis Fukuyama）
譯　者—洪世民
校　對—馬文穎
資深編輯—張擎
責任企畫—林進韋
封面設計—許晉維
內文排版—極翔企業有限公司

總 編 輯—胡金倫
董 事 長—趙政岷
出 版 者—時報文化出版企業股份有限公司
一〇八〇一九台北市萬華區和平西路三段二四〇號七樓
發行專線—（〇二）二三〇六六八四二
讀者服務專線—〇八〇〇二三一七〇五・（〇二）二三〇四七一〇三
讀者服務傳真—（〇二）二三〇二七八四四
郵撥—一九三四四七二四時報文化出版公司
信箱—一〇八九九臺北華江橋郵政第九十九信箱

時報悅讀網—www.readingtimes.com.tw
電子郵件信箱—ctliving@readingtimes.com.tw
人文科學線臉書—http://www.facebook.com/jinbunkagaku
法律顧問—理律法律事務所　陳長文律師、李念祖律師
印　刷—家佑印刷有限公司
初版一刷—二〇二〇年十月三十日
初版五刷—二〇二四年四月二日
定　價—新台幣三五〇元

時報文化出版公司成立於一九七五年，並於一九九九年股票上櫃公開發行，於二〇〇八年脫離中時集團非屬旺中，以「尊重智慧與創意的文化事業」為信念。

身分政治：民粹崛起、民主倒退，認同與尊嚴的鬥爭為何席捲當代世界？／法蘭西斯．福山（Francis Fukuyama）作；洪世民譯．-- 初版．-- 臺北市：時報文化，2020.11
面；　公分．--（NEXT；275）
譯自：Identity : the demand for dignity and the politics of resentment.
ISBN 978-957-13-8390-3（平裝）

1.政治思想　2.政治認同　3.民粹主義

570.11　　109014382

ISBN 978-957-13-8390-3
Printed in Taiwan